LIÇÕES DA Senzala

LIÇÕES DA Senzala

PSICOGRAFIA DE
MARIA NAZARETH DÓRIA

PELO ESPÍRITO LUÍS FERNANDO
(Pai Miguel de Angola)

Lições da Senzala

pelo espírito Luís Fernando (Pai de Miguel de Angola)
psicografia de Maria Nazareth Dória

2ª edição — maio de 2006

Direção editorial: *Celso Maiellari*
Preparação de originais: *Camila Kintzel*
Revisão: *Thelma Babaoka*
Capa e Projeto Gráfico: *SGuerra Design*
Assistente de Arte: *Angélica Rodrigues*
Impressão e acabamento: *Prol Gráfica*

Dados Internacionais de Catalogação na Publicação (CIP)
(Câmara Brasileira do Livro, SP, Brasil)

Luís Fernando (Pai de Minguel de Angola) (Espírito).
Lições da senzala / pelo Espírito Luís Fernando
(Pai de Miguel de Angola); psicografia de Maria
Nazareth Dória. – São Paulo: Lúmen, 2006.

1. Espiritismo 2. Psicografia I. Dória, Maria
Nazareth. II. Título

06-2387 CDD - 133.93

Índices para catálogo sistemático:

1. Mensagens psicografadas : Espiritismo 133.93

Rua Espírita, 64
São Paulo - SP
CEP 01527-040
Tel./Fax: (0xx11) 3207-1353

visite nosso site: www.lumeneditorial.com.br
fale com a Lúmen: atendimento@lumeneditorial.com.br
departamento de vendas: comercial@lumeneditorial.com.br
contato editorial: editorial@lumeneditorial.com.br

2006

Sou grata a minha família e amigos, e em especial a você, Lya. Sem o apoio de pessoas tão queridas, eu não teria conseguido...

SUMÁRIO

Capítulo I

A MINHA FAMÍLIA

Nas noites enluaradas, a natureza embelezava a nossa aldeia! Na brisa fresca da noite, as palmeiras balouçavam as suas folhas, formando figuras estranhas; e as crianças inventavam mil e uma brincadeiras. Era uma semana de festa para a minha gente! Cultuávamos e respeitávamos a Lua como uma deusa. Sua luz suave e fria convidava ao aconchego e ao amor. Lua, eterna deusa do amor e da fertilidade!

Eram belas e inesquecíveis noites que os nossos pais, avós e tios reuniam-se para discutir e planejar o destino de nossa gente. Enquanto conversavam, preparavam o fumo para os seus cachimbos e cigarros de palha. As mulheres assavam batatas, estalavam milho de pipoca, enchendo gamelas e peneiras de palha; os homens bebiam a aguardente preparada em nossa aldeia; nós, as crianças, às escondidas, lambíamos as cuias e acendíamos os cachimbos dos nossos avós, aproveitando para pitar e fazer as nossas brincadeiras.

O afluente de um rio límpido banhava a nossa aldeia angolana, garantindo-nos uma vida farta, com muitos peixes e, nas matas, muita caça. Lá não havia fome, pois onde há água não existe miséria. Mãe-África, fauna, flora e filhos, riqueza natural e encanto. Aldeia-paraíso, pequeno pedaço do mundo com uma beleza admirável!

Há regiões onde os homens continuam brigando, sofrendo e morrendo de fome, falta de educação, saúde, miséria e, principalmente, falta de amor. Na África, a contínua força de vontade dos seus filhos é uma prova verdadeira de vida.

Em nossa aldeia, cultivávamos algodão, milho, feijão, mandioca, fumo, amendoim, arroz, batata-doce, inhame e outras plantas. Tínhamos frutas e verduras o ano inteiro; criávamos galinhas, porcos, cavalos, cabras e gado.

As mulheres fiavam e teciam as nossas roupas, ajudavam os homens da plantação e colheita à invenção e preparação de tudo o que usávamos na aldeia.

Lembro-me, como se fosse hoje, de como as moças se vestiam e se enfeitavam com cores alegres. Dentes fortes, brancos e perfeitos. Como eram bonitas e saudáveis! Amamentavam todas as crianças da aldeia, e todas essas mulheres eram as nossas mães-de-leite — era comum oferecerem leite a todas as "crianças de peito", isto é, às crianças que ainda mamavam. Nenhuma criança buscava o seio de uma única mãe; e essa parte do corpo da mulher era sagrada, cultuada e respeitada como a verdadeira fonte da vida.

Nossos avós, pais e tios assumiam funções na comunidade, tais como: curandeiros, caçadores, pescadores, sapateiros, ferreiros, domadores de animais, pedreiros, serralheiros, conselheiros, parteiras, costureiras, bordadeiras etc. Todos trabalhavam, contribuindo para o sustento da aldeia, e ensinavam todos os segredos e habilidades aos mais jovens.

Especialistas da própria aldeia faziam as nossas casas. Construídas de madeira, cipó e barro, cobertas de palhas selecionadas, agüentavam chuvas e tempestades sem colocar nossas vidas em risco. Dormíamos em redes, esteiras e camas feitas de madeira da nossa mata, e as panelas, pratos, potes e tachos eram feitos de barro escolhido pelos mais experientes; as crianças aprendiam a mexer com o barro, fazendo brinquedos. Aliás, os nossos avós faziam brinquedos lindos de madeira, corda, palha, pano e barro.

Meu pai construía canoas, pilões, gamelas, móveis, carroças, carros de boi, tambores, pandeiros, violões e vários utensílios de madeira. Ele mesmo saía às matas para escolher a peça. Às vezes, eu ia junto, e eu gostava de ficar observando os pássaros, cobras, borboletas e outros tantos animais. Ficava admirado com a natureza singular de cada um; contemplava a natureza em sua pluralidade e esplendor. E, quando voltávamos, eu sempre levava alguma coisa nova para a minha mãe.

Um dia, enquanto o meu pai escolhia e cortava um tronco de árvore para fazer um pilão comunitário, sem tirar os olhos da natureza, segui outro rumo. Levado pela curiosidade, fui me afastando até chegar a um local fechado e escuro, e, até então, desconhecido. Belo dia e grande descoberta!

Por entre os troncos das árvores secas, em ninhos bem construídos, ficava o viveiro dos urubus. Alguns filhotes brancos como flocos de algodão; outros, com manchas pretas.

No movimento do olhar curioso, ora os meus olhos se erguiam aos urubus que sobrevoavam, ora buscavam decifrar o que havia ali, logo aos pés das árvores. Algo se misturava às fezes dos urubus. Fui me aproximando e tocando naquele estranho e pequeno fruto, uma espécie de coco como eu nunca havia visto. Comecei a catá-los, enchendo a minha mochila de couro de lebre, quando ouvi o grito do meu pai, chamando-me para retornarmos. Saí pulando de alegria com o meu novo achado!

Meu pai, suado, com o seu chapéu de palha preso ao pescoço por uma tira de couro, sorria-me; ao mesmo tempo, prendia um cigarro de palha entre os dentes. Essa imagem eu ainda guardo perfeitamente em minha mente.

Ele estendeu a cabaça de água, oferecendo-me para beber e perguntou-me:

— O que tem aí de tão bom nessa mochila?

Escorrendo água pelos cantos da boca, molhando a minha camisa de algodão cru, respondi, eufórico e orgulhoso:

— O senhor não vai acreditar... Não sabe o que eu descobri! Achei a casa dos urubus e alguns filhotes, parecendo urubuzinhos, mas são brancos!

Meu pai gargalhou, explicando-me:

— Filho, os urubuzinhos são brancos quando nascem.

— Então, pai, veja o que eu encontrei no chão!

E, sorrindo, mostrei-lhe. Meticulosamente, ele foi examinando os frutos e me pedindo para levá-lo ao ninho dos urubus. Todo envaidecido, eu guiava o meu pai à origem do grande achado.

— Filho, se eu não estiver enganado, isto é uma relíquia! Se for o que eu estou pensando, nossa vida vai melhorar muito. Pagamos caro pelo óleo de dendê porque não temos essa palmeira abençoada por aqui. Acho que é o coco do dendê.

Os urubus voam longe, ficam muitos dias afastados dos seus ninhos e alimentam-se não só de restos mortais, mas também de frutos e sementes.

Por longo tempo, entre entusiasmo e estímulo, a conversa continuou. Eu o ouvia atentamente, sentindo-me o maior e o mais importante descobridor.

Chegando ao viveiro, meu pai encontrou, entre as fezes dos urubus, alguns cocos que começavam a brotar. Analisando minuciosamente com as mãos e com os olhos, exclamou:

— É isso, então! Os cocos brotam, mas não vingam!

Revolvemos as fezes dos urubus e, apanhando todos os cocos que encontramos, fomos embora. Meu pai levava nas costas a pesada tora de madeira e eu levava o nosso achado.

Quando entramos na aldeia, foi uma festa em torno do meu pai. Todos viam, com admiração, a tora que ele trabalharia e transformaria no novo pilão.

À sombra de um velho jatobá, meu pai sentou-se. As mulheres entregavam os pratos feitos aos homens e às crianças. Era a hora do nosso almoço.

Logo após a refeição, meu pai reuniu os homens mais velhos da aldeia, perguntando-lhes se conheciam o pequeno coco encontrado. O meu avô, com o fruto na mão, falou, cheio de emoção:

— Pessoal, isto é o coco que dá o óleo do dendê!

Todos queriam ver e tocar o coco. Meu pai deixou quebrar um deles para que todos pudessem conhecer o conteúdo. E, cuidadosamente, abriu um, depois mais outro e, por fim, cinco resistentes cocos estavam ali para que todos pudessem degustar. E cada um provaria um pedacinho daquele tesouro chamado dendê. Meu pai, apontando para mim, contava aos outros que fui o descobridor daquela relíquia.

Era costume em nossa amada aldeia, sempre à sombra de belas árvores, os nossos avós repetirem as histórias que os mais velhos contavam:

"Muito longe dali ficava o grande mar. E era tão grande que o rio parecia um fio de cabelo perto dele. E, nesse gigante, havia peixes tão grandes que se resolvessem entrar no pequeno rio, parte deles ficaria descoberta e eles logo morreriam."

As crianças ficavam de olhos arregalados de medo. E eu tentava imaginar o tamanho desses peixes. Aos olhos das crianças, tudo o que está acima do seu tamanho parece-lhe dez vezes maior.

Eu via o tamanho do nosso afluente como hoje vejo o tamanho do mar. Imaginava que, se de repente um desses peixes pulasse em direção ao céu e caísse, acabaria com o mundo.

Nossos avós também contavam que, nas redondezas do mar, os homens plantavam as palmeiras que davam o dendê. Os urubus, em tempo quente, saíam em busca de algo diferente, restos de peixes mortos nas vazantes das marés. Engoliam os cocos de dendê, pois a casca que encobria o fruto servia de remédio. Por vários dias, conservavam o alimento nas entranhas, e alguns retornavam ao viveiro, quando, então, liberavam as sementes nas fezes.

Eu sonhava, imaginando os urubus voando ali perto. E como eles viam tantas coisas bonitas! Mas os homens jamais poderiam chegar tão perto, pensava eu. E, daquele dia em diante, comecei a ver os urubus como verdadeiros deuses, pois eles traziam riqueza para nós.

Os homens mais velhos da aldeia preparavam lugar apropriado para plantar e vigiar o nascimento dos cocos. Passou-se um tempo, e as crianças podiam ver, apenas de longe, as pequenas árvores soltando as folhas. E, nas noites de luar, o assunto principal era o plantio de dendê e a fabricação dos produtos, assim que os frutos começassem a brotar.

Antes de encontrar em nossa aldeia o fruto raro, uma ou duas vezes por ano, e durante até sete dias, homens e mulheres saíam para outras fazendas; eles iam trocar as mercadorias que produziam pelo óleo de dendê.

Os homens saíam armados mata adentro, não só para caçar os animais que nos forneciam carne, mas também na tentativa de encontrar outros ninhos de urubus e, conseqüentemente, depósitos de sementes.

Em pouco tempo, tínhamos uma pequena área plantada, que era um local sagrado. E, naquele templo, fui o primeiro menino a entrar. Pisei no chão com tanto cuidado, como se temesse fazer barulho com os meus pequenos passos. Emocionado, vi que algumas palmeiras já estavam acima da minha cabeça. Colocando as mãos no rosto, eu olhava para cima e, entre os raios de sol, as palmeiras pareciam sorrir para mim.

O meu povo, que dividia tudo, agora sorria esperançoso com a safra vindoura. Em nossa aldeia, não existia um único dono de algo, tudo ali era de todos. Tanto que a palavra usada e mais adequada para expressar a união de todos era: nosso!

Capítulo II

O ÚLTIMO BEIJO DA MINHA MÃE

Era uma manhã ensolarada e, como sempre, sentados embaixo das frondosas árvores frutíferas, fazíamos a nossa primeira refeição. Cuscuz de milho com leite de cabra, mandioca, batata-doce e inhame com queijo. Algumas crianças tomavam suco de fruta, outras tomavam leite. Os adultos bebiam algo escuro e forte, feito com muitas sementes secas. Lembro-me de que, nessa mistura, adicionavam mostarda, gergelim e outras sementes de que já não me recordo o nome.

A minha mãe lembrou-me de que era sábado, e as crianças, jovens, velhos e adultos deveriam se banhar cuidadosamente, pois à tarde haveria o nosso culto. Dia em que a aldeia parava para receber os deuses que comandavam os homens da terra. Os domingos eram para o descanso, festas, brincadeiras e namoros.

Vejo com muita alegria que já se passou tanto tempo e os deuses continuam exercendo o mesmo papel entre os homens: distribuindo ensinamentos e amor.

Aprovo totalmente o nome com que batizaram a cidade dos deuses: Aruanda! (cidade de luz).

Meu pai levantou-se, dizendo que antes das onze horas da manhã estaria de volta. Iria à mata buscar um tronco de madeira que ele deixara preparado para o transporte; pretendia fazer um novo tonel para guardar e conservar aguardente.

Eu adorava acompanhá-lo até a mata e, olhando para ele e para a minha mãe, criei coragem e perguntei:

— Posso ir também? Eu prometo que, quando chegar, vou tomar o meu banho direitinho.

Na aldeia, o banho era um ritual. Homens, mulheres e crianças deveriam esfregar, em todo o corpo, as folhas que os deuses indicavam. Para cada pessoa, o banho com a erva apropriada, pois nem todos podiam usar as mesmas folhas.

Minha mãe olhou para o meu pai e sorriu, aprovando o meu pedido.

— Se o seu pai consentir, pode acompanhá-lo. Na volta, os dois vão direto para o banho. E não se atrasem! — disse rindo e piscando para o meu pai.

Saí pulando de alegria, fui pegar a minha mochila e o meu estilingue. Usava-o para derrubar as frutas que estavam maduras e que eu não alcançava. Nunca para matar os pássaros, tampouco para derrubar os seus ninhos.

Calcei a minha bota de couro de cabra, coloquei o meu chapéu de couro de boi e enchi a cabaça de água; meu pai pegou as cordas e a sua machadinha, calçou as suas botas de couro e catou o seu chapéu de palha. Foi até a minha mãe e conversaram baixinho. Eu não ouvi o que eles falavam, mas, pelos olhares, combinavam alguma coisa.

Aproximei-me da minha mãe, ela se abaixou para me abraçar e, beijando-me, disse:

— Cuide-se, beba água e não tire o chapéu da cabeça. Ande pela sombra.

Dei-lhe um beijo e, de repente, olhando para a ela, parecia-me mais bonita; muito mais bonita que os outros dias. Interessante e inexplicável! E, naquele momento, o meu coração disparou. Em meu pequeno peito, sentia algo que não podia entender. Acompanhando o meu pai e acenando aos meus amiguinhos, olhei atentamente para a minha mãe. Ela correspondeu, sorrindo. E como estava linda, admirei! Por que, antes de sair dali, mesmo ainda perto dela, já sentia saudade?

Entramos na trilha que nos levava à mata. Logo, comecei a me divertir, vendo os pássaros e as borboletas que se escondiam nas folhas coloridas das árvores. Andando cerca de uma hora e meia, chegamos ao local onde o meu pai deixara o tronco. Ele o cobriu com folhas para evitar possíveis rachaduras. Olhei, admirado, era um tronco e tanto!

Meu pai é muito sábio, ele escolhe a madeira certa para as coisas certas, pensei comigo.

Começamos a amarrar o tronco nas cordas, pois assim ficaria mais fácil para o meu pai levá-lo nas costas.

Estávamos prontos para retornar à aldeia quando ouvimos vozes que se misturavam ao barulho das folhas se rasgando. E, de repente, sem que nada pudéssemos entender, do meio da mata, surgia um alvoroço de pessoas, cercando-nos com redes. Em desespero, olhava para o meu pai, olhava para aquela gente, olhava para mim mesmo. Meu pai, seguindo-me com os olhos e num movimento atônito, tentava fugir. Ele lutou e lutou e, sem mais condições físicas, foi violentamente amarrado e amordaçado. Eu tremia e, sem forças, não podia respirar. Ficamos presos nas redes.

No meio dos homens brancos, alguns deles com os cabelos da cor de fogo, e dos homens negros que ali estavam, o único e último consolo era a imagem da minha mãe que vinha até mim.

Os brancos apontavam-me, falavam uma língua que eu não entendia. Um deles aproximou-se de mim e, falando nossa língua, perguntou-me onde ficava a minha aldeia, como era o meu nome e se eu sabia voltar sozinho. Ainda tremendo, tentando responder e entreabrindo os lábios, percebi os olhos do meu pai me dizendo: "Não fale, filho!" E então, consegui dizer que eu não sabia voltar sozinho e dei o meu nome errado. O negro, em sua própria língua, falou com os brancos:

— Ele vai junto com o pai, não precisamos prendê-lo.

E, virando para mim, disse:

— Comporte-se!

Levaram-nos. Andando cerca de duas horas, chegamos ao outro lado da mata. Eu já não agüentava mais ficar em pé. Quando paramos, eles nos deram água para beber e ficamos sentados junto de outras pessoas na mesma situação que nós. Havia poucas crianças e não vi nenhum velho. A maioria era de homens na faixa etária do meu pai, alguns mais moços e algumas mocinhas entre treze e quinze anos.

Com os homens amarrados e amordaçados, acomodaram-nos em carroças puxadas por cavalos. As crianças ficaram com as mulheres, que foram alertadas para que não abrissem a boca. E, uma vez ou outra, quando as carroças passavam paralelas, eu via o meu pai. Mesmo amordaçado, ele me dirigia um olhar de amor, pedindo-me calma. Entendia perfeitamente, porque era possível e comum o nosso povo comunicar-se através de olhares.

Vi quando o sol desapareceu no horizonte e a brisa morna já anunciava a chegada da noite. Ouvi os brancos falando com os negros e parando as carroças. Todos queriam ir ao mato fazer as suas necessidades e foram amarrados uns aos outros, sob vigilância. Depois nos deram alguns pedaços de pão seco, carne salgada e água.

Ouvíamos o canto dos pássaros noturnos e tudo ali me causava medo. A imagem da minha mãe me protegia, mas eu não imaginava que, naquele instante, apenas começava uma grande trajetória na minha vida. Eu nem desconfiava que jamais tornaria a vê-la nesta minha caminhada.

Capítulo III

NAVIO NEGREIRO

Encolhidas no canto da carroça, todas as crianças choravam baixinho. Cansados e com sono, sentíamos falta do nosso leito.

Um dos homens brancos resmungou ao negro alguma coisa em nossa língua, e o negro logo gritou com as crianças:

— Vocês vão dormir com os seus pais. Mas se alguém continuar chorando, vai dormir sozinho e fora da carroça para as onças virem comê-lo.

Fui também me encolhendo, aconchegando-me ao meu pai, pois a sua presença dava-me segurança. Eu não conseguia fechar os olhos e só pensava em minha mãe, imaginando o seu desespero. E os meus irmãos? E o povo da aldeia? Todos deviam estar nos procurando.

Eu havia deixado o chapéu ao lado da machadinha do meu pai, e o tronco ficou no mesmo lugar.

Será que, algum dia, tornaria a vê-los? Os homens teriam compaixão e nos soltariam? Se, pelo menos, o meu pai pudesse falar...! Mas ele estava amordaçado e procurava me acalmar apenas com o olhar.

Do mesmo jeito, encolhido como estava, adormeci. Sonhei que estava sentado com o meu avô. Ele fumava seu cachimbro e me contava uma história. Ao acordar, o meu corpo doía, pensei estar na minha rede, mas logo abri os olhos e me lembrei de onde estava. Meu pai me olhava, estava abatido, muito abatido. Eu olhei à minha volta, havia aproximadamente dez homens empilhados na carroça com o meu pai. Todos amordaçados, com os olhos abertos, olhando-me com pena.

Eu me lembrava do sonho que tive com o meu avô: "Meu neto, a única coisa que une os homens é o amor. Esteja onde você estiver, guarde sempre o amor que agora carrega em seu coração. O nosso corpo é como aqueles cocos de dendê que você apanhou: podem ser levados para longe, para o outro lado do mar pelos urubus, podem sofrer muito na pele, mas a alma, que é a semente, brotará lá adiante, trazendo uma nova vida. Procure ficar calmo e lembre-se sempre das estórias das sementes de dendê!"

Os primeiros raios apareciam no céu, era o que o meu avô chamava de romper da aurora. As carroças começaram a andar e só pararam quando o sol já aparecia no horizonte. Os homens, amarrados como animais selvagens, foram levados para perto das moitas à beira da estrada; e as mulheres, para o lado oposto, para assim, fazerem as suas necessidades. Só então percebi que no meio dos nossos vigilantes, havia algumas mulheres que acompanhavam as outras mulheres, fazendo pouco caso de tudo e de todos. Eu não entendia o que elas falavam, mas compreendia os seus gestos e olhares. Elas brincavam e se divertiam com os homens brancos e eram diferentes das mulheres da nossa aldeia.

Deram-nos pão e um caldo preto muito doce para beber. Disseram ser feito de cana-de-açúcar e que tinha o nome de "melado". Eu sentia muita sede, mas, ainda, eles nos deixavam beber água à vontade. Só hoje sei a razão por que o melado mantinha o nosso organismo em funcionamento. Não corríamos o risco da desidratação, pois bebíamos muita água.

O sol já estava baixando, e, por volta de três horas da tarde de domingo, entramos numa estrada coberta pelo pó branco da areia. Os homens, ainda amarrados e com as almas distantes, olhavam a paisagem lá fora, tentando, talvez, mudar o destino que os aguardava. E mesmo vivendo aquele pesadelo, não se podia deixar de admirar a beleza natural, para além do cativeiro.

Mais adiante, avistei algumas palmeiras carregadas de cachos de cocos amarelos e logo pude constatar que era dendê. Fiquei sonhando, imaginando que logo a nossa aldeia estaria coberta daquelas palmeiras, e o nosso povo, usufruindo de toda a sua riqueza. Vi um urubu voando lentamente e senti inveja dele. Olhei para a carroça em que meu pai estava preso e, em silêncio, duas lágrimas rolaram dos meus olhos. O sorriso da minha mãe, piscando para o meu pai; o seu beijo em meu rosto e eu olhando para ela até entrarmos na mata; ela me acenando e sorrindo... Guardadas comigo, todas aquelas imagens e cenas deram-me forças para viver.

Chegamos à beira-mar. Eu olhava admirado e amedrontado o gigantesco oceano. Lembrava-me da história do meu avô, olhava para as imensas ondas e procurava o grande peixe. Os homens pararam as carroças e fomos todos descendo.

À mira dos guardas brancos e armados, os homens foram desamarrados, e logo todos estavam transportando caixotes para um barco. Fiquei esperançoso; então era isso! Eles queriam que o meu pai carregasse aqueles caixotes e depois nos mandariam de volta a nossa casa, pensei.

Já estava escurecendo quando me jogaram dentro do barco junto com as mulheres e as outras crianças. Todos nós gritávamos e chorávamos desesperados. E, ali mesmo, começamos a levar chicotadas.

— E se alguém gritar, vai apanhar mais! — alertaram.

De outros barcos, os homens acompanhavam nossa embarcação. Avistei o meu pai e senti um pouco de tranqüilidade: não estava sozinho naquele inferno! E, com o meu pai perto de mim, confortei-me; a imagem da minha mãe continuava a me acompanhar e isso também me dava forças para suportar.

Com o medo e com o balanço do mar, fui ficando tonto e enjoado. Recolhi-me num canto e comecei a vomitar. Logo vi que todos os meus companheiros de infortúnio também vomitavam, exceto as mulheres brancas e os três homens que estavam com elas.

Chegamos perto de um monstro negro e todo desenhado de branco, amarelo e verde. Nele, alguns panos também coloridos: as bandeiras. Encostaram os barcos, colocaram uma ponte, empurram-nos para dentro. Descemos as escadas e chegamos num lugar escuro, uma parte iluminada apenas por lampiões que os homens brancos carregavam. E, ali, ficamos trancados como animais. Homens, mulheres e crianças, todos juntos.

Não havia camas nem redes, apenas alguns engradados de madeira furados com poucas palhas forrando o chão. O cheiro era horrível. Ainda pude ficar ao lado do meu pai e conversar com ele. Ele me abraçou e choramos juntos pela primeira vez.

— Papai, onde estamos e para onde vamos? — perguntei, chorando.

— Filho, nós estamos num "navio negreiro". E, para onde vamos, eu ainda não sei. Só sei que vamos ser escravos dos brancos. Vamos procurar não aborrecê-los e fazer tudo o que eles nos pedirem. Vamos trabalhar muito e vou lutar para ficarmos juntos.

Apesar de muito calor e do mau cheiro, adormeci junto ao meu pai. Sonhei que estava em nossa aldeia, as mulheres lavavam roupas, rindo e conversando, enquanto as crianças nadavam e faziam apostas: quem ficaria mais tempo embaixo d'água?

Acordei com o navio balançando, abri os olhos devagar, lembrando-me de onde estava. Meu pai olhava-me, e seus olhos, que antes eram tão vivos e alegres, agora pareciam fundos e distantes. Deu-me um sorriso triste e eu lhe retribuí com um abraço silencioso. Conversávamos com os olhos e agora estávamos aprendendo a conversar com os braços e corpos.

Estávamos no inferno, era o que diziam os homens da minha terra. Alguns choravam, gritavam, batiam com a cabeça no casco do navio e chamavam pelos nossos deuses. Não havia luz no fundo do navio negreiro.

Um dos homens gritava, usando uma linguagem que não vou repetir aqui. Alertava que fizéssemos as nossas necessidades ali mesmo. E, quem fizesse depois, comeria as suas próprias fezes.

Os homens viraram as costas para que as mulheres fizessem as suas necessidades; depois, foi a vez dos homens. Cada um recebeu um pedaço de sabugo de milho para se limpar. Depois que todos terminaram, quatro dos nossos homens, à mira dos guardas armados, desceram para fazer a limpeza. Os furos nos engradados tinham exatamente aquela finalidade. O mau cheiro sufocava-nos, provocando ânsia de vômito. Os guardas andavam de um lado para o outro e chutavam os nossos homens, sem motivo algum.

Estávamos vivendo, de fato, um pesadelo! Dia a dia no balanço do mar, sem ver o sol nem sentir o cheiro da terra; sem roupas limpas, tomávamos banho com água salgada. Os negros que falavam a nossa língua, rindo, diziam que era para desinfetar e conservar a nossa carne.

A alimentação consistia em farelo de milho, pão seco, mel preto e muita água. O tempo parecia uma eternidade naquele inferno negro, e todos os dias eu perguntava: "Papai, que dia é hoje?". E, assim, pude constatar que já estávamos havia mais de vinte dias vivendo no mar.

Certo dia, ouvimos um movimento estranho entre brancos e negros. Meu pai, olhando pela fresta da grade, disse que encostaram em algum lugar. Mais tarde, vieram buscar alguns homens para ajudar a transportar caixotes, e o meu pai foi um deles. Fiquei aflito, torcendo as mãos, sem entender o que se passava ali.

À noite, meu pai retornou contando que aqueles caixotes continham mercadorias que foram trocadas por pão, farelo e o mel preto que ele chamou de "kabaú": mel dos negros.

Capítulo IV

A SEPARAÇÃO

A cada dia que passava, os nossos sofrimentos redobravam. Havia muita gente doente, com febre, vômitos e diarréia. Resolveram suspender o mel, servindo apenas água com um pó branco chamado tapioca, pão e farelo de milho. E, uma vez por dia, bebíamos um tipo de chá amargo.

À vista de todos, alguns homens e mulheres, contorcendo-se de dor, morriam — e nada podíamos fazer. Os mortos eram arrastados como bichos pelos nossos irmãos de sofrimento e jogados ao mar do jeito que estavam.

O meu pai estava muito magro — eu podia ver todas as suas costelas — e, então, percebi que eu também estava muito magro. Aquele saco furado em cima, que me deram como roupa, parecia um balão em volta do meu esqueleto.

A cada dia, surgiam mais surpresas desagradáveis.

Por diversas vezes, os guardas negros levavam as meninas mais novas para fora do porão. Depois, elas voltavam com as vestes de saco manchadas de sangue. Num canto, ficavam encolhidas, chorando com a cabeça escondida entre as pernas e os braços. Eu ficava apavorado, achando que elas haviam apanhado muito.

Comecei a passar entre as grades e, pelas frestas, no alto do porão, pude ver o que acontecia: as meninas eram terrivelmente violentadas, e muitas delas ficavam grávidas daqueles monstros. Caí em desespero, presenciando a crueldade daqueles homens sem coração.

Lembrei-me da primeira vez que os guardas vieram buscar as meninas. E só então entendi a razão por que os homens da nossa terra avançaram contra eles, tentando defendê-las, mas logo foram massacrados a chutes e pauladas.

Como nada podia fazer para impedir tal atrocidade, chamei meu pai para ver a triste cena.

— Filho, mesmo magro eu não posso passar por essa fresta tão estreita.

Eu lhe disse que era noite de lua cheia e ficamos os dois abraçados e em silêncio novamente.

Imaginava a minha família, todos sentados em nosso terreiro e chorando a nossa falta. A minha mãe, tão jovem e tão bonita, os meus irmãos, os meus avós, a minha aldeia... tudo ficou para trás! Perguntava-me se algum dia ainda voltaria à minha gente, ao meu lugar. Para onde estavam nos levando e por quê? Não fizemos mal aos homens brancos, e muito menos aos negros.

Meu pai passou a mão ossuda em minha cabeça e parecia ouvir os meus pensamentos.

— Filho, lembre-se sempre dos conselhos dos nossos deuses: "Estejam onde estiverem, nós estaremos sempre com vocês..." Eles estão aqui nos protegendo, apesar de todo o sofrimento; eles estão com a sua mãe também. Estamos juntos! E se o deus de todos os deuses, que é o nosso deus também, assim preparou o nosso caminho, devemos seguir sem reclamar. Os nossos deuses, filho, estão na lua, no sol, nas estrelas, no ar, nas águas deste mar que nos leva para longe; eles estão em mim e em você; eles estão em tudo.

Eu adormeci ouvindo o meu pai falar sobre os nossos deuses.

Logo estava sonhando que corria livremente por nossa aldeia e via as plantações de dendê. Agora, tinha certeza, era mesmo dendê; eram iguais àquelas palmeiras que vi na praia. Corria ao encontro de minha mãe, ela abria os braços para mim, sorrindo e me perguntava: "Onde você esteve? Por que demorou tanto, meu filho?".

No momento em que eu tentava explicar o que havia acontecido, acordei.

O tempo passava e aquela viagem parecia não ter mais fim.

"Um dia, ancoramos!" Foi isso o que ouvi de um dos nossos vigilantes negros.

No outro dia, logo cedo, os guardas apareceram com algumas roupas esquisitas, encheram algumas barricas de água do mar, entregaram-nos um sabugo de milho, e os homens que falavam a nossa língua gritaram:

— Isso é para todos tomarem banho! E esfreguem bem. Queremos todos limpos! Daqui a pouco, vamos descer; e vocês precisam estar limpos e bonitos!

O meu pai ajudou-me a entrar na barrica de água gelada, esfregou-me bem. Eu gostei do banho, até sorri.

Ele me ajudou a vestir a roupa de saco que estava limpa, mas era grande e folgada demais para o meu tamanho. Aqueles que resistiram ao balanço do mar estavam magros e com profundas olheiras. Todos se entreolhavam e ouvi um dos homens perguntando ao meu pai:

— Qual será o nosso destino agora, meu irmão?

— Aquele que Deus nos reservou, meu amigo — disse meu pai.

Dali nos levaram em fila. Aguardávamos ansiosos pelas ordens dos guardas. E eu sempre perto do meu pai, agarrado-me à mão dele. Acontecesse o que acontecesse, estávamos juntos, pensava eu. Carreguei a minha mochila, ali eu levava as minhas relíquias. Entramos num barco junto com outros homens, e eu admirava as ondas do mar. Era a coisa mais linda que eu já vira em minha vida. Acostumado com o balanço, já não sentia enjôos...

Capítulo V

ADEUS, MEU PAI

Chegando em terra, um carro puxado por quatro bois levou-nos a um lugar cheio de pessoas, animais e toda espécie de mercadorias. No meio daquele movimento todo, muitas pessoas brancas, vestidas de uma forma que eu nunca tinha visto. Uma delas, apontando para o nosso lado, sorria, enquanto falava coisas que não entendíamos.

Um menino branco de cabelos cor de fogo, vestido igual aos outros, jogou-me uma banana, que comi com gosto. Ele sorriu, falando alguma coisa aos seus pais, que me olhavam.

Os homens brancos não se aproximavam; somente os negros, aqueles que falavam a nossa língua, circulavam entre nós.

Ficamos muito tempo ali, os guardas negros mandavam os homens se virarem de um lado para o outro, mostrando braços, pernas e dentes. Eu não entendia o porquê daquilo. Alguns homens e mulheres foram separados e levados para fora e acompanhados por alguns homens brancos.

Um homem, bem novo e vestido como os outros, apontou para o meu pai, e o negro perguntou alguma coisa. E, fazendo um gesto com a cabeça, respondeu olhando para mim. E só entendi quando o guarda negro trouxe as algemas para colocar nos pulsos do meu pai.

— Você já tem dono, é aquele senhor ali! — Disse rindo e apontando para o homem bem vestido.

— E o meu filho? — perguntou o meu pai.

— O negrinho ainda está sobrando, pois o coronel não quis o seu filho. Acha que ele só dará prejuízo. Agora, feche o bico. É bem melhor para você.

Meu pai ajoelhou-se com as duas mãos algemadas e pediu:

— Meu irmão, eu lhe peço, pela cor da nossa pele, em nome dos nossos deuses, fale com o senhorzinho para que ele aceite o meu filho. Prometo que ele não dará prejuízos.

Meu pai continuou ajoelhado, pedindo. Eu tremia da cabeça aos pés, senti dor de barriga e o estômago virava por causa do pavor. Como eu ficaria sem o meu pai?

O guarda negro suspendeu o meu pai com brutalidade e respondeu:

— Para o seu próprio bem, aprenda a ficar de boca fechada ou começa a provar no lombo, aqui mesmo, o couro brasileiro.

Os guardas brancos agarraram o meu pai, empurrando-o violentamente para o meio da multidão. Eu continuava tremendo sem sair do lugar. Comecei a chorar, e um dos guardas me puxou a orelha com força, me mandando calar. E um deles me disse:

— Se ficar quietinho, logo vai estar junto ao seu pai.

Segurei o pranto, enxuguei as lágrimas na manga da larga camisola de saco. Estava com soluço e doíam-me a barriga, as pernas e a cabeça.

Já estava ficando escuro. Da porta do mercado em que me encontrava, vi que a maioria das pessoas já havia ido embora. Restavam duas moças, uma menina com nove anos, aproximadamente, e eu.

Apareceu um casal jovem. A moça tinha os cabelos amarelos como as espigas de milho quando soltam os seus pendões; os olhos eram da cor do céu e a pele branca como as nuvens. O moço era branco igual a ela, mas os olhos eram verdes, da cor das nossas matas. Os dois sorriam, abraçados. Parados em frente ao mercado, ela disse algo ao homem, que lhe deu um beijo e se foi. A moça ficou nos olhando, eu baixei a cabeça com medo e vergonha. Logo, o moço voltou com uns papéis na mão e os entregou à moça.

O guarda negro entrou no engradado onde ficávamos trancados como porcos e falou-nos em nossa língua:

— Vamos lá, coisas nojentas! Graças aos deuses, alguém comprou vocês. Eu já estava pensando que teria de passar a noite aqui, vigiando vocês.

Descemos quase empurrados, e, àquela altura, todos estávamos urinados, e a menina estava encolhida com dor de barriga; logo, estava toda suja de fezes. Um dos homens brancos indicou o caminho que teríamos de seguir.

Fora daquele local, ele nos levou a uma casa esquisita. Uma negra velha nos levou até o fundo da casa, tomamos banho, vestimos roupas limpas, tomamos leite e comemos bolo.

A menina estava tremendo de febre. Bebeu chá e comeu só um pedacinho de bolo. A negra velha cobriu-a e deu-lhe um copo de água.

A lua estava começando a aparecer no céu quando fomos colocados num carro de boi. No meio do caminho, eu me sentia tão cansado e fraco que não me lembro o que aconteceu. Sonhei que brincava no rio junto com os meus irmãos e amigos.

Acordei devagar. Estava deitado numa esteira de palha, e a negra velha estava ao meu lado.

— Até que enfim você acordou, negrinho danado! Pensei que estava morto! É a primeira vez que vejo alguém ficar desacordado durante dois dias.

— Vamos lá, tome este caldinho quente e vamos tentar urinar. Logo, você estará curado.

A minha cabeça girava, mas, aos poucos, com ela me ajudando, fui engolindo o caldo. Percebi que a menina estava triste e assustada e olhava-me; as duas moças, com roupas estranhas, estavam lá também. Elas me ajudaram a levantar e, tentando ficar em pé, senti as pernas tremendo. Seguraram meus braços e dei alguns passos. A negra velha deu-me mais caldo quente, e, depois de algum tempo, consegui urinar.

Eu nada falava, apenas observava o lugar, perguntando a mim mesmo: "Será que meu pai vai demorar a chegar? Aquele homem falou que, se nós ficássemos em silêncio, logo estaríamos com os nossos pais".

A negra velha, sorrindo, falou:

— O meu nome é Joana. E o seu, qual é?

— O meu é Luís Fernando.

— Muito bem, Luís Fernando, agora você está em outra terra vivendo uma nova vida. A partir de hoje você vai se chamar Miguel e vai comer para crescer e ficar forte. Hoje, você não vai sair do barracão; vai descansar e brincar com a Ritinha. Amanhã, vai sair e andar um pouco e, logo, estará bom!

Pela janela de madeira, o sol entrava no barracão. O chão de terra batida estava limpo. Reparei que havia muitas camas forradas de palhas, esteiras e até redes.

Mas onde estavam os seus donos? Fiquei me perguntando. E calculei que meu pai devia estar morando ali.

Logo, eu estava caminhando!

As crianças têm o dom de se adaptar rápido às situações dolorosas. Exatamente por serem inocentes.

— A vovó Joana é boazinha — Ritinha cochichou ao meu ouvido —, ela me deu banho, vestido e sandálias novos. Comi muitas coisas gostosas que ela me deu, já sarei da barriga e fui ao rio tomar um banho!

— À noite, todo mundo volta para dormir, e, no outro dia, todos vão trabalhar — continuou Ritinha. — Só ficam as vovós e as tias mais velhas para cuidar das crianças.

— Está vendo aquela casa ali? — disse, apontando para um grande barracão. — Lá ficam todas as crianças. Muitas crianças! Nós só estamos aqui porque estávamos doentes. Ainda não podemos ficar com as outras crianças para não lhes passar doenças. Mas, logo, estaremos juntos delas.

Eu arrisquei soltar a voz e perguntei:

— E meu pai, você o viu?

Ritinha olhou-me seriamente e respondeu:

— Acho que nunca mais veremos os nossos pais. Eles foram vendidos para outros coronéis, pois eu escutei a vovó Joana falando. Ela disse que vai cuidar de nós, e que tivemos sorte. A nossa Sinhá é muito boazinha.

Eu me sentei e comecei a chorar. Como poderia viver sem o meu pai?

A vovó Joana veio arrastando os chinelos de corda. Sentou-se perto de mim num banco de madeira e puxou-me para perto dela.

— Miguel, preste a atenção ao que eu vou lhe falar: Eu tive quatro filhos e sei que nunca mais os verei nesta terra, e nem por isso perdi a fé em nossos deuses. Deus é tão bom, meu filho, que veja só: não pude cuidar nem zelar pelos meus filhos; em compensação, estou aqui de braços abertos para todas as crianças. Vejo, em cada um de vocês, os meus filhinhos. Quando fui raptada da minha terra, deixei um filho do seu tamanho, ele tinha sete anos. Hoje, meu filho deve estar com 38 anos e os dois menores com 35 e 33. Trouxe um filho no ventre, que nasceu no cativeiro. Esse foi arrancado dos meus braços, quando tinha cinco anos, e nunca mais o vi. Fui vendida há quinze anos para esta Sinhá e aqui encontrei um pouco de paz. Olha, Miguel, o nosso Pai Maior é muito sábio e, às vezes, não entendemos certas coisas e nunca pensamos que o sofrimento que passamos nesta vida é para alcançar a felicidade futura. Ajudo no nascimento dos filhos de todas as escravas, e todos eles me chamam de vovó. Você também pode me chamar assim. Vou fazer o possível para ajudá-lo e quero que você seja um menino bem comportado e obediente. Enxugue os olhos e vamos comer uma coisa gostosa que a vovó trouxe para vocês.

Ela me levantou, ficou me olhando e vi que os seus olhos estavam cheios de lágrimas. Em silêncio me abraçou, acariciando a minha cabeça.

— Miguel — disse vovó Joana —, vamos fazer um trato? Eu estou velha demais e você é um menino. Eu vou cuidar de você como se fosse meu netinho e você cuida de mim como se eu fosse a sua vovó.

Apesar de toda a angústia que me oprimia a alma, senti um pouco de alegria, pois alguém me queria. Eu estava sendo amado, amparado por uma alma caridosa. Perdi a minha família, a minha liberdade, mas encontrei alguém que me oferecia conforto e amor.

Abracei vovó Joana e respondi, trêmulo:

— Eu aceito!

Daquele dia em diante, comecei a trabalhar ao lado da minha avó. Dormia perto dela e começamos a dividir tudo.

Assim, fui me habituando à nova vida. Fazia tudo o que ela me pedia. Eu era os seus braços, as suas pernas e os seus olhos. Era assim que ela falava de mim aos outros. Recebia muitos elogios de todos os outros escravos pela forma rápida que aprendia as coisas.

Ao lado da minha avó, descobri que, mesmo sendo um escravo e mesmo perdendo a minha liberdade, ainda me restava um fio de esperança: o amor.

Capítulo VI

A JUVENTUDE

O tempo passou muito rápido, e as minhas esperanças de encontrar o meu pai foram ficando cada vez mais distantes.

Nunca deixei de pensar em minha aldeia, imaginava como estariam os meus irmãos. Será que eles também tinham sido capturados?

As lembranças da infância, no seio da minha família, nunca se apagaram. E, nas noites de lua cheia, sentava-me debaixo de uma palmeira e ficava sonhando com o passado. Tentava imaginar para que lado devia ficar o nosso continente. Lembrava-me do balanço do mar, dos últimos momentos ao lado do meu pai e do sorriso da minha mãe.

Completei quinze anos. Tornei-me um rapagão alto e forte. Realizava várias atividades na fazenda.

Com a minha querida vovó Joana e o negro velho Santino aprendi a ciência das ervas e preparava garrafadas para muitas moléstias. Minha avó Joana levava-me à colheita das folhas, cascas e raízes das plantas medicinais.

Na fazenda, eu amansava os cavalos, bois de carro, cachorros para caça e cuidava dos arreios em geral. Enfim, a minha especialidade, além de conhecer plantas, era domar os animais. O coronel exibia-me com orgulho e, nos dias de festa, eu era o seu escravo predileto; era o seu troféu, ele dizia.

O coronel mandava trazer animais das fazendas vizinhas para eu amansar. Logo, a minha fama cresceu, passei a valer ouro, e as ofertas eram grandes. O meu senhor sempre falava com orgulho:

— Não o vendo por dinheiro nenhum!

A minha vovó Joana ainda cuidava dos partos e remédios. Claro que já não tinha mais o mesmo vigor de antes.

Eu lhe trazia mel, frutas, ovos de pássaro que colhia nas matas, e ela ficava numa alegria só! Todos os dias, antes de levantarmos da cama de palha, eu ouvia todas as recomendações dela: "Nunca responder aos mais velhos, mesmo sendo eles escravos; nunca levantar os olhos diante dos senhores, mesmo sendo eles crianças; e, nem em sonho, pensar em fuga ou rebelião; procurar sempre agir com todo o respeito e obedecer a todas as ordens recebidas sem contestar".

Eu era o único escravo jovem que andava livremente pelas matas sem nenhum feitor me vigiando. Apesar de nenhum escravo fugir daquela fazenda, nunca vi um negro amarrado ao tronco ou castigos violentos. A maioria dos escravos foi comprada de outras fazendas e eles comentavam todo o sofrimento pelo que passaram. Realmente, ali, em comparação as outras fazendas, era um paraíso.

Todos os dias, a saudade e a angústia oprimiam o meu peito. As mesmas lembranças e sempre as mesmas perguntas voltavam: Onde andará o meu pai? Estará vivo? Eu olhava para os meus irmãos negros e me lembrava da minha terra, da minha família. Será que mais alguém foi arrebatado de lá? E como estaria a plantação de dendê? Teria vingado?

Eu já não era mais um menino, cresci sentindo a falta da minha mãe, do meu pai e da minha terra. E a imagem clara dos urubus voando sobre a nossa aldeia; das mulheres carregando potes de água, sorrindo e falando dos seus sonhos. Eram pensamentos que eu levaria por todo o sempre.

Da minha vida passada, trouxe uma relíquia. Recordava, enquanto apertava a mochila que a minha mãe fez com suas benditas mãos. Era a única coisa que ainda conservava comigo. E, eu sabia, jamais voltaria a ver a minha querida mãe, mas, o meu amor, ninguém poderia arrancar de dentro do meu coração.

Os deuses diziam que o corpo morria, mas a alma não: elas se encontravam e se reconheciam num outro mundo. E se isso fosse mesmo verdadeiro, algum dia ainda poderia encontrar todos a quem amei.

Às escondidas, os escravos se reuniam para consultar os nossos deuses. Recebíamos muitos conselhos e orientações, e muitos irmãos ainda carregavam a revolta dentro de si. Por que Deus nos castigava tanto? Por que Ele nos criou negros? Por que teríamos de continuar amando e respeitando um Deus que não se importava com o nosso sofrimento?

A resposta, por vezes serena, e, às vezes, cheia de energia, era sempre a mesma: "Estamos aqui, não por vontade Dele, mas por nossa vontade".

E, nos breves encontros, os nossos deuses advertiam: "Estamos aqui para ajudá-los, portanto, não fiquem perguntando por sua terra e sua gente. A sua terra e a sua gente agora são essas".

Ninguém se atrevia a fazer certas perguntas, embora a vontade da maioria fosse mesmo questionar. Queríamos saber notícias do nosso passado.

Numa noite, iluminados pelos raios da lua, estávamos reunidos recebendo o nosso passe. Uma das entidades presentes aproximou-se de mim e, tocando meu ombro, disse:

"Filho, busque aquilo que está dentro de você, caminhe, siga adiante e não olhe o que ficou para trás."

Fiquei imóvel, senti duas lágrimas escorrerem pelo meu rosto. Como eu poderia esquecer a minha mãe, o meu pai, a minha família? Como eu poderia viver como escravo, se sempre fui livre? Era uma luta dolorosa dentro do peito, pois amávamos nossos deuses.

Mas o passado, ainda, era a única alegria, o único vínculo que tínhamos para nos sentir pessoas. Mas Eles não nos davam nenhuma esperança em relação ao retorno do nosso passado.

Capítulo VII

UMA PROVAÇÃO DOLOROSA

Já fazia algum tempo que eu tinha notado o senhor um pouco cansado e triste. Cheguei a comentar com a minha avó que ele não me parecia bem. Vi a sinhá nervosa, pedindo para que ele fosse ao médico.

— Filho, quando você estiver perto dele, sem que ele lhe pergunte, fale, mostre as ervas e as raízes que são boas para o coração. — Recomendou minha avó.

O senhor pegou, olhou as ervas e depois me disse:

— Há casos, Miguel, que nem ervas ou raízes e nada neste mundo pode dar jeito. Quem sabe, no futuro, os homens desenvolvam recursos adequados para isso. Miguel, as suas ervas e as suas raízes são a salvação desta fazenda: elas curam o que pode ser curado. Infelizmente, há coisas que somente Deus pode curar.

Fiquei admirado ao ouvi-lo falando em Deus.

— Miguel, prepare-me uma das suas garrafadas para aliviar a dor no peito e não comente com ninguém.

Naquele mesmo dia, com a ajuda da minha avó Joana, juntei as ervas e raízes necessárias. Sete dias depois, orgulhoso, com muita discrição, entreguei ao senhor o seu remédio.

Ele provou ali mesmo, fazendo uma careta.

— É bem amargo, Miguel, mas me fale como eu devo tomar.

Passei as instruções e ele guardou a garrafa, saindo satisfeito. Preparei mais cinco garrafadas, e ele dizia se sentir bem com o remédio, pois a dor do peito desaparecera.

Eu notava olheiras em volta dos seus olhos, o rosto pálido e o fato de ele arquejar sempre. O senhor já não era o mesmo e eu não via melhora em seu físico. Sentia-me triste, pois não estava conseguindo curá-lo.

Certo dia, acordei com um corre-corre danado na fazenda. O coronel estava passando mal. Chamaram-me na senzala, onde eu dormia com a minha avó. Com dificuldade, a minha avó foi levada ao luxuoso quarto do senhor e, como sempre, eu a acompanhei.

A nossa sinhá estava aflita, chorando, e, ao ver a minha avó, gritou:

— Joana, pelo amor de Deus, faça alguma coisa por ele!

O coronel estava pálido e respirava com muita dificuldade. Quando me viu, sorriu e falou baixinho:

— Miguel, o seu remédio prolongou a minha vida, mas a hora chegou. Acho que o Chefe me chama para prestar contas.

Eu corri para fazer tudo o que a vovó me mandava.

Um médico branco foi trazido às pressas para acompanhar o doente.

A minha avó, quando saiu de lá, disse-me:

— Filho, ele só viverá por milagre de Deus. O seu coração está fechando, as veias por onde corre o sangue, o ar...!

Estremeci de medo!

— E, se o coronel morrer, o que será de nós?

— O que Deus quiser, meu filho, o que Deus quiser. Vamos aguardar, orando aos nossos deuses por ele.

No fim da tarde, um feitor disse que ele teve uma melhora, havia pedido sopa, tomou leite e estava mais corado. Eu fiquei contente, mas vi uma preocupação nos olhos da minha avó. Não lhe fiz perguntas, com medo de ouvir, exatamente, o que no fundo eu já sabia.

À noite, a casa grande dormiu às claras, e não pregamos os olhos. Ao amanhecer, ouvimos os gritos da sinhá e esquecemos que éramos escravos.

Os seres humanos têm o instinto do socorro em seu espírito!

Corremos até lá e ficamos sabendo da morte do nosso senhor. Foi um choque para todos! Chorávamos a sua morte, com sinceridade.

Todos os seus escravos tinham uma dívida de gratidão para com ele, pois o senhor comprava os escravos que os outros coronéis recusavam e tratava-nos como gente. Foi um momento doloroso para todos. Além disso, havia a incerteza do nosso destino, o medo do porvir.

Como se diz que uma desgraça nunca vem só...

Havia se passado um pouco mais de um mês da morte do coronel. E, falando com a minha avó, ela se sentou bem devagar na cama e disse baixinho:

— Miguel, eu vou andando, meu filho. Tenha paciência com a vida!

Por um momento, pensei que ela apenas brincava comigo. Mas ela desmaiou e nunca mais acordou!

Escolhi o local no cemitério, eu mesmo cavei sua sepultura, e cada pancada que dava na terra era como se eu estivesse surrando a minha alma. Eu enterraria a minha avó Joana! Eu enterraria uma parte da minha vida! Ela foi a pessoa que me deu forças para viver e quem ainda me fez acreditar na possibilidade da vida.

Ela estava me deixando... E como eu poderia suportar viver sem ela? O que seria de mim? Desde quando saí da minha aldeia, eu não senti tanto medo como naquele momento. As lágrimas desciam, enquanto eu dizia para os deuses: "Darei os meus braços, meus olhos, minhas pernas, tudo para ter a minha avó de volta!" Quem sabe, com a ajuda deles, ela retornaria à vida? Passava-me essa ilusão pela cabeça.

No enterro dela, foram todos os escravos, muitos feitores e suas famílias. A sinhá estava de luto pelo marido, e, toda coberta de preto, parecia dez anos mais velha. Ela veio à senzala onde estava a rede com o corpo da minha avó. Chorou, olhando para o corpo sem vida e, sem nada dizer, afastou-se.

Em silêncio, fizemos uma corrente em torno do corpo. Depois, as escravas mais velhas puxaram uma oração em nossa língua.

Os nativos, até mesmo as crianças como eu, arrancados de nossa terra, guardamos por todo o sempre o dom das primeiras palavras em nossa língua materna.

No fim de tarde, um grande arco-íris formou-se exatamente onde estava aberta a cova da minha avó. Eu na frente e outro escravo atrás levávamos a rede da minha protetora, enquanto uma multidão, rezando, acompanhava o enterro.

Cobrimos a cova e, em seguida, plantamos ervas, cravos e rosas sobre ela. Assim que terminamos, não precisou molhar a terra, pois uma nuvem formou-se, deixando cair uma chuva rápida.

As ervas molhadas exalavam um cheiro maravilhoso, e a água da chuva lavou nossas lágrimas. E então, foi isso! Os deuses das sete cores formaram-se naquele arco-íris e levaram o espírito da minha avó. Jogaram sobre nós aquela água abençoada para que todos voltássemos às nossas missões sem lágrimas. Ela não reclamava, não chorava, respeitava a vida acima de tudo, e era isso o que ela nos pedia.

Voltei ao barracão da senzala e fiquei encolhido em nossa cama feita de palha de milho. Ainda podia sentir o seu cheiro. A minha avó cheirava a ervas e raízes, cheirava à mata.

Algumas mulheres vieram me consolar. Eu queria morrer, queria me enterrar junto da vovó.

Passaram-se alguns dias e a nossa vida continuava confusa com a morte do coronel.

A sinhá não entendia de administração, não tinha condições de tocar as fazendas do marido... era o que ouvíamos dos feitores.

Eu saía todos os dias cedo, a fim de colher raízes e ervas e, na volta, passava pelo cemitério onde deixava as coisas de que a minha avó gostava. Ervas, cravos e flores, plantados em sua cova, enfeitavam e perfumavam todo o cemitério. Um aroma suave banhava o campo santo com ternura. E ali eu ficava todo o meu tempo livre. Parecia que a minha avó Joana me ouvia e respondia a todas as minhas perguntas. Sentado ao lado de sua cova, relembrava a minha chegada na fazenda, o seu carinho e todo o amparo maternal que ela me deu. Consegui sobreviver em seus braços, encontrei nela parte da minha mãe. Sem a minha avó, eu estava completamente perdido e inseguro. Não sabia o que poderia me acontecer.

As lembranças me castigavam a alma. Onde estaria o meu pai? Estaria vivo ainda? Ou, quem sabe, também já havia morrido. E minha mãe? E minha aldeia? E as palmeiras de dendê, ainda existiam? Agora, sem a minha avó, daria tudo para retornar para a minha aldeia!

Continuava fazendo o meu trabalho, domando os animais e cuidando de todos os arreios. Colhia as ervas, separava e preparava os banhos e chás para os ferimentos, coceiras e para todas as doenças dos negros que trabalhavam na lavoura e na casa grande.

Fazia três meses da morte do senhor. Observei a sinhá andando ao redor da casa grande, envolta em seus trajes negros. Lembrava-me do dia em que ela se aproximou daquele cercado, olhando-me e falando algo ao Senhor. E, graças a ela, eu estava ali, pois poderia ter sido pior a minha vida. Graças a ela, eu ganhei uma avó maravilhosa. No meu coração eu pedia aos deuses que a protegessem. Como eu gostaria de ajudá-la! Claro que ela estava sofrendo, pois o nosso senhor era um homem muito bom. Não tiveram filhos. Se ela ao menos tivesse ficado com um filho para consolá-la...

De repente, comecei a entender algumas palavras das entidades que vinham nos ajudar. Quando os irmãos reclamavam que Deus só amava os brancos, elas diziam: "Se Deus só amasse os brancos, eles não sofreriam tanto quanto nós. Vocês não percebem o sofrimento deles porque só enxergam o seu próprio". E era verdade! Diante dos meus olhos, eu via o sofrimento da sinhá. Tão bonita e tão senhora de todos nós. Estava ausente de tudo e parecia que nada mais lhe importava, e deixava claro que faria tudo para ter de volta aquele que se foi.

Ah! Se eu pudesse me aproximar dela e dizer algumas palavras de conforto! Lembrava-me dos conselhos da minha avó Joana... "nunca levante os seus olhos para os seus senhores; só responda o que lhe perguntam; responda baixo e com muito cuidado às palavras..."

Rezei pela alma do meu senhor, tão branco e tão importante e com um coração cheio de amor por todos nós. Aquele homem foi um anjo que Deus colocou em nosso caminho. Mas, sem ele, o que aconteceria conosco dali em diante? Só Deus poderia saber, só Deus...

Capítulo VIII

A REFORMA

Num fim de tarde, enquanto engraxava e lustrava os arreios da fazenda, três carruagens de luxo chegaram ao pátio da fazenda. Já fazia um ano da morte do nosso bondoso senhor. Sem parar o trabalho, mas com olhos pregados nos visitantes, observei que os negros pararam os animais, limpando as portas das carruagens antes de abri-las. De uma delas, saltou um cavalheiro alto, cabelos cor de fogo, ajudando uma moça a descer com sua dama de companhia. Elas usavam roupas estranhas e chapéus enfeitados com fitas. Eram brancas como as flores da açucena. De outra carruagem, desceram dois senhores que usavam chapéus e barbas compridas, acompanhados de duas senhoras gordas, que se abanavam com leques coloridos.

A sinhá veio ao encontro deles, abraçando um por um. Os escravos começaram a descarregar a terceira carruagem. Eram baús e mais baús! E para o meu espanto, chegava um carro de boi lotado de baús de zinco e madeira. Logo fui chamado para ajudar a descarregar. O jovem senhor de cabelos cor de fogo gritou em sua língua, e um dos feitores, que entendia o que ele falava, gritou para nós:

— Descarreguem tudo com cuidado, sem deixar escapar nada, ou vão inaugurar um tronco novo que o senhor vai instalar na fazenda.

Em silêncio, começamos a descarregar os baús. Senti um tremor no meu coração ao me deparar com o olhar daquele senhor. Ele me observava enquanto fumava um charuto. Assim que terminamos de levar tudo para os lugares que ele indicara, o feitor nos dispensou, pois já estava escuro. Fui terminar de guardar os arreios e levar os remédios de erva para os feridos que chegaram do campo.

Todos os dias retornavam escravos com cortes profundos nos pés e braços, com frieiras, dores nas costas e nos braços, outros com febre e diarréia; mulheres com cólicas menstruais e hemorragia. O que não faltava era doença.

Com a morte da minha avó, continuei apanhando as ervas e raízes e ajudando o negro velho Santino a preparar os medicamentos, a enfaixar, com casca de algumas árvores, os pobres infelizes que se queixavam de dores nas pernas, braços e costas.

Naquela noite, não pude dormir, algo martelava por dentro. Já era madrugada quando adormeci, e logo estava sonhando com a minha avó Joana. Ela me dizia: "Filho, faça tudo com muito amor em Deus. A partir de agora, você vai precisar muito de Deus em todas as suas horas do dia e da noite. Eu vou estar sempre ao seu lado... não deixe de fazer as suas obrigações".

No outro dia, logo cedo, chamaram todos os negros ao pátio onde recebíamos as ordens dos feitores. Um deles comunicava que já tínhamos novo senhor, e a nossa vida, a partir daquele instante, pertencia a ele. Esse senhor e a nova sinhá seriam os novos donos daquelas terras. A nossa sinhá iria embora com os senhores, que eram os pais dela. O irmão dela assumiria as terras e os negócios deixados pelo cunhado.

Naquela tarde, nossa sinhá, acompanhada por todos os visitantes, diante da varanda de sua casa, falava-nos de sua partida. Ficaríamos entregues aos cuidados do seu irmão e de sua cunhada, e tudo continuaria como sempre fora. Essa foi a única exigência dela com o nosso novo senhor.

Senti um aperto no coração, pois a nossa protetora estava nos deixando. Não sabia explicar, mas tinha certeza de que a nossa vida mudaria, e muito. Mas, até então, nada havia mudado. Todos trabalhavam no mesmo esquema do nosso falecido senhor.

Até, aproximadamente, dez meses da chegada deles, eu pouco via a nova sinhá caminhando pela fazenda. O senhor, sim, andava o dia inteiro, observando tudo. E também saía todos os dias, voltando tarde para casa.

Sem os escravos, os brancos não faziam nada da vida! Certamente, não pensavam que os negros também eram pessoas; não imaginavam que os negros viam, ouviam, sentiam e compreendiam tudo o que eles planejavam.

Sebastião me contou, em segredo, que o senhor bebia demais, jogava e envolvia-se com as mulheres da casa onde se divertia. Eu já previa o que seria de nós, a qualquer hora, quando ele resolvesse assumir, de vez, a fazenda.

Numa manhã, fui chamado para preparar os arreios e engraxar as rodas das carruagens. Enquanto eu trabalhava, o senhor me observava com um olhar estranho. E cada vez que ele chegava perto de mim, sentia um frio percorrendo o meu corpo; e, confesso, não sabia explicar o porquê. Ele montava nos cavalos que eu amansava e tratava, e eu sentia que ele aprovava.

Eu saía para apanhar as plantas medicinais ao raiar do dia e voltava antes de o sol ter nascido completamente. Quando eu chegava com o saco cheio de ervas e raízes, o senhor acompanhava todo o trabalho.

O negro velho Santino tremia pela idade e tremia de medo quando se aproximava do nosso senhor.

Três dias depois de preparar arreios e carruagens, chegou a hora de carregar os baús para a viagem.

No começo da tarde, logo que o sol cruzou o meio do céu, vi a sinhá, abraçando a sinhá branca e o novo senhor.

Ela ficou algum tempo parada, olhando para todos os lados, como se estivesse se despedindo de tudo. Eu ajustava os animais à carroça e, levantando os olhos, encontrei os dela, que me olhavam com ternura e bondade. O mesmo olhar daquele dia que eu estava à venda em praça pública, quando ela me salvou.

O irmão ajudou-a a subir na carruagem e, quando todos se acomodaram, o nosso novo senhor, acenando para os passageiros, deu a ordem de partida. As janelas de vidro estavam com as cortinas abertas, e a sinhá, olhando-me mais uma vez, acenou. A minha vontade era erguer a mão e também acenar para ela, mas eu sabia que não podia fazer aquilo. Um negro, mesmo que fosse liberto, não podia nunca acenar, piscar ou apertar a mão de um branco; um escravo como eu, podia muito menos.

Assim que as carruagens sumiram na estrada, o nosso novo senhor chamou um dos feitores que estava de plantão. Eles se revezavam no trabalho e, a cada semana, alguns seguiam para os campos, enquanto os outros ficavam na casa da fazenda.

O senhor mandou trazer os troncos de madeira maciça com correntes e argolas de ferro, vinte chicotes de couro cru, pedaços arredondados de madeira — as ditas palmatórias — e outros tantos instrumentos de castigo, que, até então, só ouvíamos falar que existiam.

Os troncos foram instalados e ficamos aguardando o que viria. Naquela noite, ninguém dormiu; amanhecemos com o dia. Era um domingo e, então, a ordem: Todos os negros da fazenda, do mais velho ao mais novo, seriam avaliados pelo senhor.

Tomamos banho e vestimos as nossas melhores roupas para nos apresentar ao senhor. Ele mandou trazer, em primeiro lugar, todos os negros jovens. Diante dele, e à luz do dia, todos deveriam se despir e ficar de pernas abertas.

Com uma régua de madeira larga, a mando do senhor, o feitor media os nossos órgãos genitais; e com um tipo de saco de borracha, espremia os nossos escrotos.

Eu não entendi o porquê daquela atitude estúpida! Quando vi os negros tremendo de medo, veio-me um pensamento terrível: será que vão nos castrar como castram os animais? Deus! Se assim fosse, eu desobedeceria aos ensinamentos da minha avó Joana.

Os deuses condenavam quem tirasse a vida de quem quer que fosse, e pior ainda seria tirar a nossa própria vida. Mas se acontecesse, realmente, o que eu estava pensando, nenhum de nós poderia continuar vivendo.

Ele nos dispensou, mas ouvimos, nitidamente, a ordem para que trouxessem todas as mulheres da casa com até 25 anos e que não estivessem grávidas.

Dor e vergonha estampadas no rosto de cada um dos meus irmãos de infortúnio. Muitas daquelas mulheres eram suas irmãs, namoradas ou companheiras. Sentimo-nos humilhados, com medo e revoltados. Esses sentimentos começavam a se espalhar entre os homens.

Pensei em Ritinha. Amava-a como se fosse minha irmã de sangue.

Ficamos no barracão da senzala, sob a mira dos novos feitores, todos mal-encarados. Eles estavam ali cumprindo as ordens do senhor.

Sentado num tronco que servia de banco, no chão de terra batida, eu desenhava uma figura. Ao mesmo tempo, meus pensamentos se voltavam para aquelas meninas.

Maldito navio negreiro!

Lembrava-me dos gritos e do sangue. A meninas chorando e pedindo ajuda, sem que ninguém pudesse fazer nada por elas.

Na ocasião, como eu ainda não sabia da tortura do sexo, imaginava que eles batiam nelas. Eu sofria e sofria, pensando na dor e na vergonha daquelas meninas. Eles não só torturavam os seus corpos, mas também as suas almas! Afinal, o que o novo senhor pretendia fazer com as meninas? Em silêncio, pedia ajuda aos nossos deuses e proteção à minha avó Joana. E rezava dentro do meu coração: "Mãe querida, foi e continua sendo a luz da minha sobrevivência. Ajude-me, pelo amor dos nossos deuses! Leve-me com você e liberte-me, minha avó!"

Passou-se, aproximadamente, uma hora e meia, mas me pareceu uma eternidade. As moças estavam voltando, algumas delas cobrindo o rosto com as mãos, enquanto o soluço sacudia o peito. Outras, de cabeça baixa, pareciam em estado de choque.

Foi Ritinha, a minha irmã, quem começou a falar:

— Ele mandou todas ficarmos sem roupa. Colocou uma luva, apertou os nossos seios e as partes genitais. Depois, separou virgens e não-virgens; e ordenou aos homens que as virgens não fossem tocadas.

Os homens mais experientes entreolharam-se. Um feitor do nosso antigo senhor tirou o chapéu da cabeça, acendeu um cigarro de palha e, com a voz embargada, falou:

— Para o bem de todos nós, vamos obedecer às ordens dele. Os nossos senhores já não estão mais aqui. Os nossos senhores agora são outros. A única coisa que peço a vocês é que me perdoem, pois, daqui em diante, sinto, as nossas vidas vão virar pesadelos. Não pensem que me sinto feliz em cumprir tais ordens, mas como todos vocês sabem, existe uma Lei Maior — a Lei da Vida —, e eu preciso viver tanto quanto vocês.

Pela primeira vez, vi um homem branco chorando com os negros! Logo, apareceu um novo feitor que o levou.

— Você vai servir de exemplo para eles, seu branco safado. A partir de hoje, faça o que o senhor mandar ou vai receber o mesmo tratamento que esses porcos recebem! — Disse, ironizando.

Todos foram obrigados a acompanhar aquele infeliz, do mais velho ao menor, ainda de colo. E quando os últimos raios de sol já se escondiam entre as árvores, vimos o chicote cortando as carnes do infeliz feitor que ousou chorar por nós. Depois, foi a vez de cada negro apanhar. E, naquele dia, velhos, moços e todos nós apanhamos no corpo e na alma. Ali começava o nosso pesadelo. E, naquele instante, descobri que possuía sentimentos de ódio e de vingança dentro de mim.

Durante a noite, na senzala, ninguém conseguia dormir; todos nós estávamos machucados. As crianças gemiam e uma delas foi ferida na cabeça, debatendo-se a noite toda e vindo a falecer ao nascer do dia.

O dia ainda não havia clareado totalmente quando três novos feitores, aos gritos, chutavam as portas rústicas da senzala. Um deles, sem a menor piedade, pegou o pé do menino morto, suspendendo o corpinho no ar. Olhou-me e disse:

— Pegue este lixo e enterre! Vou avisar o coronel que perdemos a porcaria de um negro.

A mãe, encolhida de tristeza, olhava para o corpo do filho e não chorava. Havia em seus olhos um brilho estranho, o brilho de dor de uma alma ferida. Homens, mulheres, crianças, todos estávamos apavorados e em estado de choque.

— Todos em pé! — gritou o novo feitor. — Hoje será decidido o destino de cada um. Aqueles que ousarem falar ou agir diferente serão cortados em pedacinhos, e na frente dos outros. Obedeçam às ordens do senhor e todos se sairão bem.

Saímos em fila indiana em direção ao pátio; o senhor já estava lá, em pé, olhando-nos como se fôssemos os seus animais. Chegaram, então, os feitores:

— Senhor, aqui está o seu rebanho. São 125 negros. Dez mulheres, breve, darão suas crias; trinta, aproximadamente, ainda poderão procriar, e vinte não servem mais para dar crias.

Ele mandou separar as meninas — só as virgens — entre treze e dezessete anos. Ritinha estava entre delas. Eram dezenove mocinhas nessa faixa de idade. Algumas namoravam os jovens escravos da fazenda. E, como era de costume entre os antigos senhores, esperavam também dos novos senhores o consentimento para se casar.

Os olhos das meninas eram de medo, pavor. Nos olhos dos rapazes, ódio, muito ódio, rancor! E, com a respiração fraca, aguardávamos o porvir.

O nosso antigo senhor nunca fizera tais absurdos com nenhum de nós. E quando os escravos eram chamados para receber ordens, a antiga sinhá estava sempre ao lado do marido. Com a nova, era tudo muito estranho, e nunca víamos aquela sinhá ao lado do senhor. E mais estranho ainda era imaginar que aquele homem fosse irmão da bondosa sinhá que tinha partido. Eram parecidos apenas nas feições, mas os corações eram totalmente diferentes.

As grávidas foram remanejadas para os afazeres da fazenda; os velhos, homens e mulheres, fariam a outra parte: queijos, cuidar dos animais... Aqueles que não produzissem o suficiente, seriam vendidos ou trocados por qualquer coisa.

Homens, mulheres e crianças trabalhariam nos campos. Eu, com dezoito anos, e um outro rapaz, com dezenove, seríamos os reprodutores da fazenda. Ele dividiu o grupo de mulheres e ficaríamos, então, responsáveis por elas.

Eu já não sentia os meus pés no chão...

Deus, aquilo não podia ser verdade! E eu estava realmente ouvindo o senhor falando:

— Miguel, continue a domar os animais e a preparar os remédios.

E dou um prazo de três meses para você engravidar essas mulheres.

As dezenove virgens ficariam sob a minha responsabilidade. Entre elas, estava Ritinha. As demais mulheres ficariam com o outro rapaz e, no prazo de três meses, seria feita outra avaliação.

— A partir de hoje, cada um de vocês terá um quarto separado. Durante o dia, cada um deverá fazer as suas tarefas e, à noite, não podem dormir sozinhos. Vão se alimentar bem, mas se no prazo que dei eu não vir os resultados, mandarei castrar os dois. E as mulheres que tentarem evitar gravidez, terão — e falou uma palavra que evito repetir — o seu órgão genital costurado. E, na presença de todos, morrerão assim. Quero todas vocês cheias! As que colaborarem, vão comer bem e serão bem tratadas; mas as que tentarem se rebelar, irão para o tronco.

Ele dispensou todos, ficando apenas comigo, que não me sentia na terra, tamanho pavor tomava conta da minha alma! Assim que os feitores levaram os meus irmãos desafortunados para as suas tarefas, o senhor, batendo levemente com um chicote nas minhas costas e apontando em direção à casa dos feitores, disse-me:

— Hoje à noite, naquele quarto, você fará o seu primeiro teste como macho. Eu vou mostrar como se faz. Vou tirar a virgindade de todas as mulheres, depois você faz o que deve ser feito. Às dez horas da noite, mandarei levar a primeira e vou até lá.

Dispensou-me, lembrando que eu deveria cuidar dos meus afazeres. Saí cambaleando em direção ao barracão da senzala. Caí sentado no tronco de madeira, sem poder conter as lágrimas. Não estava acreditando! Não podia ser verdade, só podia ser um pesadelo! Saí desesperado em direção ao cemitério e chorei de joelhos na cova da minha avó Joana. Implorei com todo o sentimento da minha alma que ela me ouvisse e viesse ao meu encontro.

De olhos fechados, senti que algo como uma brisa me abraçava. E, ainda sem abrir os olhos, vi e ouvi, ali, nitidamente diante de mim, minha avó falando: "Meu filho, a sua cruz está pesada, mas você não está sozinho. Não fuja, procure obedecer ao senhor, e só assim, o Senhor que está no Céu poderá acolhê-lo em sua casa, como um filho que realizou as suas tarefas".

Eu senti uma paz muito grande em meu coração. Estava ali, consciente, acordado e via a minha avó tão meiga e bondosa como sempre. E ela continuou:

"Estarei sempre com você, confie em Deus, meu amado. Ele, e apenas Ele, poderá mudar o nosso destino!"

Percebi quando ela se afastou. Abri os olhos e parecia ter tomado um dos seus remédios que acalmava. Estava realmente calmo, tranqüilo e conformado. Levantei-me, olhei para o céu e disse com fervor: “Seja feita a Vossa vontade!”

Capítulo IX

A CAMA MALDITA

Eram aproximadamente dezenove horas quando um feitor chegou, chamando-me. Levou-me até onde eles comiam, entregou-me um prato de arroz, feijão e carne cozida.

— Anda, coma logo! Estou com inveja de você, negro. Se precisar depois de uma mãozinha, procure-me — disse rindo.

Engoli a comida sem sentir o gosto. Quando terminei, ele continuou:

— Não se preocupe, dê uma volta por aí... estamos de olho em você. Qualquer passo em falso vai lhe custar caro.

Caminhei até à palmeira onde costumava ficar nas noites de lua cheia. Apesar da escuridão da noite, senti-me confortado por ela. Pensava em minha avó, pensava em minha mãe, guardava dela aquela imagem jovem, alegre e bonita. Como estaria a minha mãe? Estaria viva? De olhos fechados, mentalizava o rosto do meu pai. Como e onde ele estaria? O silêncio da noite não podia me responder.

O feitor me chamou e eu estremeci.

— Vamos lá! Está na hora de entrar para o seu novo quarto.

E, tentando desativar os pensamentos, acompanhando mecanicamente o homem, entrei no quarto. Então, tudo estava pronto, com cama forrada, um lençol branco e mais alguns pedaços de pano de saco, uma moringa de barro com água e uma caneca.

— Boa sorte! — Disse-me o feitor, saindo e fechando a porta. Eu não sabia o que fazer... se me sentava no chão ou ficava em pé. A janela do quarto estava fechada e eu não podia abrir. Fiquei parado, olhando para a cama sem coragem de tocar nela. Não sei quanto tempo fiquei assim. Ouvi a porta se abrindo e uma mocinha de quinze anos sendo empurrada para dentro do quarto. Atrás dela o senhor, que, dava para notar, já havia bebido muito.

Dirigindo-se em primeiro lugar à menina, ordenou:

— Tire toda a roupa!

E, virando-se para mim, continuou:

— Você pode ficar olhando, e depois que eu parar você continua: é o seu trabalho.

A menina, tremendo, me pedia socorro com os olhos.

Ele agarrou a moça pelo braço e puxou sua saia com tanta violência que rasgou a peça em duas partes.

— Você é surda? Tire logo essa roupa!

A menina, de olhos arregalados, tirou a parte de cima, depois a outra, ficando, então, despida.

O senhor arrancou as calças e, jogando a moça na cama, foi para cima dela como um animal selvagem.

— Quieta, não vai durar muito tempo.

Abrindo as pernas da garota, que nem se mexeu ou gemeu, estuprou-a sem nenhum pudor. Jogou todo o esperma no rosto da garota e, depois, pegando um pedaço de pano, secou-se; colocou a calça e, virando-se para mim, disse:

— Vamos lá, tire a roupa! Vamos, sobe! Quero ver se você aprendeu direito.

E, mecanicamente, tirei toda a roupa, comecei a relação e fiz tudo maquinalmente. A moça estava pálida, com o corpo tremendo e gelado.

Ele só saiu quando teve certeza de que eu havia ejaculado dentro da moça. Sentei-me na beirada da cama e vi sangue no lençol. Puxei a coberta, cobrindo a moça. Enchi uma caneca de água e dei-lhe.

— Perdoe-me, Rosa, Deus sabe que eu não queria isso.

— Miguel, a minha dor e a minha ira não são por sua causa, mas por esse senhor. Ele veio para desgraçar a nossa vida!

Levantou-se e pegou a roupa rasgada para se vestir. Então lembrei-me da ordem do senhor: "A mulher que ficar com você só poderá sair de perto ao romper da aurora".

— Rosa, você não pode sair, são ordens do coronel.

E ficamos conversando sobre as nossas vidas. Já era tarde quando Rosa adormeceu. Eu fiquei acordado, não conseguia fechar os olhos, pensava como seria a minha vida dali em diante.

De manhã, bem cedinho, Rosa acordou e me perguntou humildemente:

— Posso ir ou você ainda quer fazer alguma coisa comigo?

— Pode ir, Rosa, vá cuidar um pouco de você.

Naquele dia, desejei ter morrido antes de vivenciar tudo aquilo sem poder fazer nada. Cuidei dos meus afazeres e nadei desesperadamente no rio que dividia as montanhas da fazenda. Ao voltar para a fazenda, os feitores cochichavam e riam, olhando para mim.

Já era noite quando o feitor me lembrou:

— Vá pegar o seu prato e andar para assentar a comida no corpo. Você sabe o que lhe espera. E, depois, falam que a vida de escravo é ruim! Quem dera estar hoje à noite no seu lugar.

Fui pegar o prato de comida, que estava bem reforçado, depois fui ao refúgio da palmeira; ali era o meu confessionário. O feitor apareceu dizendo:

— De hoje em diante, você espera aqui fora a vez de entrar.

Vi um feitor empurrando uma mocinha que chorava e se debatia. Levantei-me, e o instinto humano de socorrer gritou dentro de mim. Antes de pensar, levei uma cotovelada do feitor, que me fez parar. A porta foi aberta e a mocinha empurrada para dentro. O senhor saía tempos depois, e o feitor gritou:

— Entra, seu macaco sortudo!

Entrei no quarto e encontrei Nalva chorando, o lençol manchado de sangue. Dei-lhe um pouco de água e me sentei ao seu lado. Ela se deitou e, abrindo as pernas ainda ensangüentadas, disse:

— Vamos, ande logo com isso. Eu estou cansada e com muita dor.

Puxei o lençol e cobri seu corpo e o seu desânimo!

— Durma, Nalva, descanse! O monstro aqui é ele, não sou eu!

Ela se virou de bruços e começou a chorar. Contou-me que namorava um dos rapazes — Roque — que trabalhava nos campos, um excelente rapaz. Filho de escravos da casa, nasceu e cresceu na fazenda. Estavam namorando às escondidas e esperavam uma oportunidade de obter dos senhores a permissão para o casamento.

Os homens mais velhos amarraram o seu namorado e deram-lhe uma bebida para dormir. Ele queria matar o senhor. Ficou completamente fora de si quando soube que ela seria a próxima vítima. Conversamos muito e choramos abraçados. E Nalva então me perguntou se não tinha nenhuma erva que pudesse matar o senhor. Eu lhe expliquei que matar o coronel não resolveria nada nas nossas vidas.

Ela adormeceu e fiquei acordado, olhando para aquela menina que estava apaixonada. Quantos sonhos não morreram naquela maldita cama. Sentado no chão e recostado na parede, cochilei. Acordei com os galos cantando. Nalva se remexeu na cama, virou-se para o outro lado e continuou dormindo.

O que fazer, meu Deus? Eu combinaria com Nalva que ela tivesse relações com o namorado e tentasse engravidar. Assim, o coronel pensaria que eu estava fazendo o papel de reprodutor.

Eu não poderia evitar de vê-las sendo estupradas por ele, mas poderia poupá-las de alguma coisa. Pensei em Ritinha. Jamais teria coragem de tocar nela! Era a minha irmã, preferia morrer a fazer isso com ela, pensava.

Abri a janela devagar, os primeiros raios da aurora apontavam no horizonte. Nalva acordou, abriu os olhos e falou:

— Miguel, por favor, venha aqui.

Eu cheguei perto da cama, ela me pegou pela mão e disse:

— Eu fecharei os meus olhos e você também deve fechar os seus. Deus sabe que estamos apenas cumprindo uma ordem. Sabe, Miguel, prevendo que as moças se entregassem aos seus namorados, o senhor proibiu qualquer homem de entrar na senzala; eles vão dormir em barracões improvisados. Nós estamos proibidas de andar por aí e eles de chegarem perto da casa.

Eu estremeci, então não haveria chance nenhuma de enganar o senhor. Fizemos o que nenhum dos dois planejou, e assim nos entregamos um ao outro, com respeito. Ela se levantou, vestiu-se e, antes de sair, ainda me disse:

— Miguel, você é muito bom, Deus conserve a sua alma!

Assim, tudo se repetia. Todas as noites vinha uma menina diferente. Numa dessas noites, o sangue me fugiu das veias, quando vi Ritinha sendo empurrada para a cama maldita. Ela reclamava e pedia:

— Por favor, senhor, não faça isso comigo!

Eu já estava habituado com o tempo que ele ficava com cada garota. Ele foi saindo dali, acendendo um charuto e andando, enquanto o feitor me indicava com a cabeça que eu deveria entrar.

Fiquei chocado ao encontrar Ritinha, ainda despida, os olhos arregalados de pavor. Quando ela me viu, começou a gritar. Aproximei-me e, com um abraço, pedi que se acalmasse. Falei que não lhe faria nenhum mal.

Entre soluços, ela me pediu:

— Miguel, pelo amor dos nossos pais, que nunca mais veremos, mate-me! Eu não quero nunca mais passar por isso. Se você me matar, os deuses vão lhe ajudar e eu lhe serei sempre grata.

— Ritinha, não temos o direito de tirar a vida de ninguém. Você acha que a minha situação é melhor do que a de vocês? Todos somos obrigados a cometer esta vergonha entre irmãos. Não sei o que poderá acontecer a partir de agora. Eu não tenho coragem de tocar em você. Prefiro morrer a fazer isso. Mas o senhor, com toda a certeza, venderá as que não apresentarem um filho no ventre. Sabemos que nem todos os senhores são iguais, mas desconhecemos se os outros, aí fora, pensam e agem como os nossos antigos senhores, que nos tratavam com humanidade.

Eu não podia tocar na menina em quem eu via a minha irmã. E sofria pensando no que poderia acontecer com ela.

Ela adormeceu encolhida, e eu chorava me lembrando da nossa viagem naquele maldito navio; e em como ficamos assustados ao ver as moças sendo levadas à força por aqueles homens brutos.

Agora, tanto eu quanto ela sabíamos como sofreram aquelas infelizes criaturas!

Deitei-me bem devagar ao lado dela e fiquei pensando... O que poderia fazer para ajudá-la? E, então, veio-me uma idéia, envolvendo o meu irmão de desgraça! Sofríamos a mesma dor! Sim, era este o único caminho para que Ritinha ficasse segura na fazenda.

No meio da noite, ela se mexia, gemendo de dor. Toquei no seu ombro e ajudei-a a se banhar novamente. Eu já deixava preparada a água com ervas cicatrizantes para as moças lavarem as suas partes feridas depois da violência do monstro.

Antes do amanhecer, conversei com Ritinha sobre o assunto. Quando expus a minha idéia, ela cobriu o rosto com as duas mãos, dizendo-me:

— Miguel, eu preciso lhe confessar algo: eu e o Jade namorávamos até o dia em que o senhor desgraçou a nossa vida.

— Olhe, Ritinha, se vocês se amam de verdade, encontrarão um fio de felicidade no meio de tanta desgraça. Neste momento, vocês terem um filho será como ter uma rosa nascida entre os pedregulhos.

— Mas como isso pode acontecer? As suas mulheres estão separadas das dele. Como eu vou poder chegar perto dele? — Chorando, Ritinha lembrou-me.

— Fique sossegada, eu vou pensar num jeito. Farei com que vocês se encontrem. Façam dos momentos que ficarem juntos um motivo para continuar vivendo. Aconteça o que acontecer.

Pela primeira vez, desde aquela tortura, eu me senti bem. Estava ajudando duas pessoas que se amavam e enganaria aquele monstro. Eu só precisava pensar numa forma segura para que eles se encontrassem.

E, assim, a nossa vida de sofrimento continuava. Todos os dias, um feitor verificava se realmente eu entrava com uma mulher diferente.

Deitado, sem sono e em desassossego, só pensava. Um dia, enquanto Nalva ressonava, surgiu a idéia que tanto buscava:

Jade poderia se vestir com a roupa de Nalva, eles eram irmãos e eu confiava nela. Eu passaria com Jade perto dos feitores, entraria no quarto, dando um tempo, e depois sairia, dizendo que ia buscar outra mulher. (Poderia levar tantas quantas desejasse.) Mas, e depois, como faria? Não poderia sair do quarto, deixando os dois a sós, pois os feitores desconfiariam e poderiam invadir o lugar. Portanto, a única saída era deixar os dois na cama e me deitar embaixo dela.

Conversei com Jade e Ritinha e os dois aceitaram. Na noite seguinte, assim que escureceu, fui ao encontro de Jade, que estava vestido com a roupa de Nalva, com a cabeça coberta como andavam todas as escravas. Passamos pelos feitores, que continuaram conversando e nada perceberam. Deixei correr cerca de quarenta minutos, conforme combinamos, e saí em direção à senzala, quando um dos feitores me barrou:

— Aonde vai, negro? Cadê a sua mula? — Perguntou, arrogante.

— Senhor feitor, eu vou buscar outra mulher, hoje eu quero garantir a produção do meu senhor.

— Vai lá, negro, pega as suas mulas e faz o que quiser com elas, mas fique atento ao prazo que o senhor deu.

Logo mais eu voltava com Ritinha. Ainda pude ouvir um deles comentando:

— Até que essas negrinhas são jeitosas! É só porque eu já tenho três mulheres, senão aproveitaria um pouco dessas mulas fogosas.

Apertei Ritinha contra o peito e falei baixinho:

— Não lhes dê atenção....

Entramos no quarto e lá estava Jade... os dois se abraçaram e choraram em silêncio.

— Eu já vou dormir e acho que, hoje, em cinco minutos estarei roncando.

E fui dormir numa esteira embaixo da cama, pois fazia tempo, não tinha aquela liberdade.

Ritinha, então, perguntou:

— Jade, como você fez para enganar os feitores? Eles vigiam o seu quarto também!

— Nalva vestiu a minha roupa e entrou abraçada com a Macu; e eles pensam que estou dormindo com ela.

Para deixá-los à vontade, ainda na frente deles, coloquei dois pedaços de algodão nos ouvidos e me deitei. Realmente, meia hora depois, eu estava dormindo e sonhando.

Estava na minha aldeia, e o meu avô me chamava: "Filho, vem ver uma coisa!"

A nossa plantação de dendê estava repleta de cachos amarelos dos frutos de ouro. E ele me abraçava... "Filho, eu estou ao seu lado, Deus está ao nosso lado. Sua mãe está bem. Pena que ela não está mais aqui. Miguel, quando você se encontrar com o seu pai, diga-lhe que nós o amamos muito. E você, filho, lembre-se do que falei: Nós somos idênticos àquelas sementes que você colheu".

Fomos ao rio, as suas águas serenas estavam do mesmo jeito. O cheiro da comida feita pelas mulheres da aldeia enchia as minhas narinas. Perguntei ao meu avô onde estava a minha mãe, e ele me respondeu: "Está na colônia com a sua avó e outras pessoas da nossa família, inclusive a sua vovó Joana".

Eu contei para o meu avô que não sabia do paradeiro do meu pai desde o dia que nos separamos. Ele me consolou:

"Procure ter calma, Miguel. O seu pai está no mesmo plano que você, trabalhando e lutando pela vida".

Acordei com os galos cantando e continuei deitado, sem abrir os olhos. E, por alguns segundos, pensei estar na minha esteira, na minha casa, na minha aldeia! Logo, a razão me chamou à realidade. Mas continuei de olhos fechados, pois precisava conservar cada imagem do meu sonho.

Sem perceber, as lágrimas me banhavam o rosto. Há muito tempo não tinha um sonho tão lindo, tudo me parecia tão real. Mas, no sonho, não vi a minha mãe. Que pena!

— Miguel, acho que está na hora de você levar as suas mulheres de volta ao barracão. Os primeiros raios já aparecem no céu — alertou Jade.

— Eu dormi direto! — Falei. — Há muito tempo que não dormia tanto.

— Ritinha e eu não podemos dizer a mesma coisa, pois não fechamos os olhos a noite toda. Mas foi a melhor noite de nossas vidas. Muito obrigado, Miguel! Se um dia eu puder fazer alguma coisa por você, farei com todo o meu coração.

Ele se vestiu com a roupa de Nalva e cobriu a cabeça.

— Você está muito parecido com Nalva — brincou Ritinha, rindo.

Eu fui com eles até a senzala e, na chegada, nos deparamos com Nalva vestida de Jade, levando Macu de volta. Eu voltei depressa e ele entrou com Nalva no barracão. E, assim, várias noites Jade e Ritinha estiveram juntos. Graças aos deuses, encontraram um momento de privacidade para amar — mesmo havendo um abismo amedrontando-nos.

Certa manhã, após me despedir de Jade e Ritinha, saí em busca das ervas. No caminho, passei pelos vigilantes; fui ao barracão, peguei as ferramentas e saí para a colheita. Um deles correu até mim, pedindo-me:

— Miguel, traga alguma coisa para os meus pés, acho que é frieira.

A única luminosidade era dos pequenos raios da aurora. Em vez de entrar na estrada que me levava às montanhas, tomei o caminho do cemitério. Entrei, tirei o chapéu e me ajoelhei ao lado da cova da minha avó Joana. O cheiro das ervas e das flores era como um bálsamo para a minha alma.

Fechei os olhos e mentalizei o seu rosto, a sua voz tão querida dando-me conselhos. "Oh! Minha avó, onde você estiver, peço-lhe que ore aos deuses por todos nós. Graças a Deus você não está aqui, neste momento tão difícil para nós. Eu não suportaria vê-la sofrer nas mãos desse monstro. Os seus ensinamentos sustentam-me a alma, minha amada e querida avó".

E, ainda de olhos fechados, vi uma imensa luz que se levantava à minha frente. Continuei parado, prendi a respiração... Estaria vendo algo sobrenatural ou seria fruto da minha imaginação? Ouvi aquela voz suave e animadora bem perto de mim: "Filho, Deus está contigo, lembre-se, meu amado, do quanto Ele confia em seus bons princípios. Não fuja das suas tarefas, não abandone aqueles que mais precisam de você. Não reclame da sua sorte, acredite sempre no amanhã, e esse amanhã é Deus. Tenha paciência com o senhorzinho, nunca deixe o seu pensamento se levantar contra ele". Lembre-se dos conselhos do seu avô: "Você é como aquela semente de dendê que um dia teve entre as suas mãos". Imagine quantas riquezas poderá deixar neste solo brasileiro. Deixará o fruto do seu amor, deixará o seu sangue, que correrá em muitas veias. O seu sangue há de se misturar, a ponto de formar uma nova geração; e lembre-se, o senhorzinho é uma ferramenta na construção de tudo isso".

Abri os olhos devagar e, rodeada por uma luz azulada, vi nitidamente a imagem da minha avó Joana. Agora, ela parecia uma santa, tinha o corpo envolto em um traje luminoso. Senti vontade de dizer-lhe algo, queria tocá-la como antes, mas algo me impedia. E aquele olhar doce foi se transformando em luz até desaparecer. Só então dei-me conta, e chorei de saudade e emoção. Chorava, e os soluços sacudiam o meu corpo.

Eu confiava em suas palavras! Anjo de Deus, que me protegeu em vida e ainda agora me protege, mesmo estando no mundo dos espíritos.

Levantei-me, olhei em volta do campo santo e tudo estava silencioso. Fiz o sinal-da-cruz e me retirei. Subi a serra e fui às ervas para o preparo dos remédios, pois sempre havia muitas pessoas doentes e machucadas. E, com as ervas, desci a serra tranqüilamente. O sol batia em meu rosto, e sentia as gotas de suor escorrendo pelo pescoço.

Fiz os cálculos do tempo dado pelo senhor e faltavam apenas três dias. Nesse meio tempo, tantas coisas haviam mudado em nossa vida! Não tínhamos mais condições de falar com os nossos deuses, vivíamos amedrontados. O senhor bebia demais, saía praticamente todos os dias, voltando pela madrugada e, muitas vezes, ouvíamos os gritos da sinhá; tudo indicava que ele batia nela. Ela vivia ausente de tudo e de todos, não se envolvia com nada. Notei, então, que ela estava com uma barriga imensa, naturalmente teria um filho, e pensei comigo: tão diferente da nossa sinhá que partiu. Mas, casada com um monstro, o que ela poderia fazer?! Não posso julgar, não posso... e, lembrando-me das palavras da avó Joana, aquietei o meu coração.

Capítulo X

O PREÇO DE UMA VIDA

Num domingo, logo cedo, o feitor me chamou, dizendo que eu deveria me apresentar imediatamente ao senhor. Saí com o coração disparando. Diante dele, tirei o chapéu e fiquei de olhos baixos, aguardando a sua sentença. Percebi que Jade, o meu amigo de infortúnio, estava ao meu lado. O senhor, com um copo na mão e um charuto na outra, gritou:

— Levantem os olhos para mim, seus negros nojentos!

Como duas estátuas, levantamos os olhos para ele sem mexer um osso do lugar.

— Negro Miguel — gritou o senhor —, de hoje em diante o seu trabalho vai dobrar e tudo aqui vai mudar. Esta fazenda poderia ser a maior e a melhor de todas, se o meu falecido cunhado, — que Deus o tenha! —, não tivesse criado esse bando de negros vagabundos como vocês. Mas eu vou consertar... Ah, se vou! Das mulas que lhe entreguei, a maioria está cheia; só três ou quatro ficaram para trás. Pelo menos para isso você presta! Doravante, será o único reprodutor da fazenda; os outros negros só poderão usar as imprestáveis para cria — ou as que já estiverem cheias por você. Logo mais, você conhecerá as suas novas tarefas, além das que já executa. Ai de você, se começar a fazer corpo mole. Você já viu que esses troncos e as chibatas de couro cru funcionam, não é mesmo? Fique de lado, que logo voltarei a lhe chamar.

E, apontando para o Jade, continuou gritando:

— Aproxime-se mais, negro imprestável. — disse com tanto ódio, que a sua boca tremia.

Levantou-se, jogando a bebida no rosto dele; desceu os degraus e esmurrou o rapaz no rosto até o sangue escorrer de sua boca.

E gritava, espumando:

— Se abrir a boca, arranco a sua língua com as minhas próprias unhas.

Depois, começou a chutar o ventre do infeliz até ele se contorcer de dor.

— Eu poderia castrar você agora mesmo, seu imprestável! Onde já se viu um negro com o seu porte emprenhar só uma negra? Tive um prejuízo incalculável por causa desse traste. Dei comida boa, regalias e tudo o mais. Sem contar que perdi praticamente três meses na reprodução!

Gritou pelo feitor, que logo estava aos seus pés.

— Vou passar a lista de nomes e você me traga logo esse bando, para que eu possa conferir o estado de cada um. Mande vir já com os molambos prontos, serão vendidos e trocados ainda hoje. Avise-os que vamos revistar mochila por mochila — e ai daquele que tentar levar o que não deve.

Jade retorcia-se no chão, o sangue escorrendo do canto de sua boca. Por ordem do senhor, levaram-no a um coxo de água e lavaram suas feridas, entregaram roupa limpa e ele se trocou ali mesmo. O senhor, furioso, falou:

— Você é o único que não vai levar nada além da roupa do corpo.

Abatidos, chegaram os meus irmãos, cada um com uma trouxa pequena na mão. O senhor deu-lhes a ordem:

— Abram essas trouxas! Feitores, revistem tudo! — Passado um tempo, continuou: — Tudo bem, podem fechar suas tralhas. — E, dirigindo-se aos feitores, disse — As carroças já estão prontas, vão acomodando a negrada.

Desesperado, vi todos os velhos da fazenda entrando nas carroças, inclusive Santino, que era como um médico. Ele me olhou profundamente, encorajando-me a continuar cuidando dos que ficavam. Algumas mulheres jovens partiram também, deixando os seus filhos e maridos para trás. Alguns rapazes também deixavam os seus pais. O último a subir foi o Jade. Olhando-me, ele falou baixinho:

— Cuide dela e do meu f...!

A carroça arrancou, deixando uma imensa nuvem de pó que separava o desespero dos que iam do desespero dos que ficavam.

O senhor, em pé, batendo na manga da camisa para retirar o pó, passou a mão na barba rala e disse-me:

— De hoje em diante, você cuidará de todos os doentes. Vai ajudar as suas crias a nascerem, continuar amansando os animais e cuidando dos arreios, além de outras coisas que pretendo fazer, usando você. Por enquanto é só; pode se retirar.

O feitor chegava com o cavalo preparado para viagem. Montando no seu alazão preto, que eu amansei, o senhor disse ao feitor:

— Vou vender esse bando que já não serve para nada e ver se compro alguma coisa melhor.

O silêncio na senzala era geral, ninguém falava. Todos miravam o vazio, talvez buscando uma porta de saída, sem encontrá-la. Recostei-me na parede, sentado com a cabeça entre os joelhos. Por mais que eu quisesse entender a vontade de Deus e conservar os conselhos da minha avó Joana, era difícil para um ser humano aceitar tudo isso e ainda ter fé. Pensava nas palavras de Jade... Será que Ritinha estaria grávida? Se estivesse, eu cuidaria dela e do filho e faria o que fosse possível.

Já não tínhamos certeza do "ir ou ficar". O que ainda estaria para acontecer?

Um pensamento me passou pela mente: "Vou aproveitar os meus conhecimentos com as ervas, prepararei algo venenoso; tomamos e morremos; acabamos com todo o sofrimento". Mas algo gritou dentro de mim: "Em nada, meu filho, ajudaria, outros ocupariam os seus lugares, e o sofrimento não seria menor".

"Então, matarei o senhor", respondi aos meus pensamentos. E logo ouvi nova resposta: "Matar o Senhor seria atrasar a si mesmo e a outros nos deveres de suas tarefas em Terra".

O que fazer, então, meu Deus?

"Continue andando, siga adiante, o Grande Mestre Jesus veio antes de você e já abriu a estrada por onde você deverá passar com a sua cruz. Siga, apenas siga e não perca a sua fé... e mesmo sem ver ou perceber, ao seu lado existe alguém que vela por você".

Alguém tocou em meu ombro. Era Ritinha, magra, pálida tinha uma expressão de dor no olhar. Estendendo-me as mãos, falou:

— Miguel, ainda estamos juntos! Lembra-se, no navio, como nós dois encontrávamos um jeito para brincar e sorrir? Temos de criar uma forma de continuar vivendo e descobrir um jeito de encontrar a felicidade.

Abracei a minha companheira de infância e, sim, ela estava certa. Tínhamos de continuar vivendo e buscar um jeito de encontrar a felicidade. As rosas desabrochavam entre pedras e espinhos, e nós deveríamos olhar o que havia de bom em nossa vida e tirar proveito disso. Havia tanta beleza na terra, e eu ainda existia como indivíduo. E, se o meu corpo era castigado, usado e desprezado, ao menos, ainda havia os meus sentimentos. Eu precisava viver e ajudar os outros a continuarem vivos.

O ser humano se adapta bem a certas situações quando a prioridade é a vida. Aos poucos, fomos nos unindo mais, éramos uma grande família. A nossa união era tão grande que causava medo nos feitores. Descobri que eles usavam um método cruel: fazer com que os irmãos negros se odiassem. Assim, não corriam o risco da união entre o nosso povo, porque um povo unido derruba qualquer obstáculo que lhe impeça a caminhada. Assim, os feitores faziam de tudo para colocar negro contra negro. A maioria dos nossos irmãos já não se olhava; eles ficavam sentados, lado a lado, sem trocar uma palavra.

Com calma e com ajuda de Ritinha e de outras mulheres da senzala, fui chamando a atenção dos nossos irmãos para a realidade que estava nos separando ainda mais. Logo, formamos uma corrente de amor e união entre nós. Fomos descobrindo fórmulas de felicidade. Se não tínhamos direito a isso ou aquilo, ou em vez de ficarmos frustrados, inventávamos algo que substituía as nossas carências: aos domingos, os senhores e feitores estavam na capela da fazenda assistindo à missa; em silêncio, nos reuníamos e celebrávamos os nossos deuses. A felicidade era a mesma para todos nós, o mesmo Deus dos brancos entrava no nosso barracão.

Capítulo XI

A NOVA GERAÇÃO

Foi uma sensação maravilhosa a maior colheita que já fiz até os dias de hoje: a colheita da vida. Meus filhos nasceram em minhas mãos, e, a cada um deles, eu derramava lágrimas de alegria misturadas ao temor do amanhã. Cada um deles eu batizava com as minhas lágrimas. E, ali, cada um que nascia era parte de mim. Era como a semente do dendê! E eu havia plantado nesta terra várias sementes: os meus filhos. Eles haveriam de se reproduzir e, espalhando-se pelo solo, formariam uma grande e forte nação.

Eu olhava para o rostinho inocente de cada um deles e não podia conter as lágrimas. O que seria dessas crianças? Tão inocentes, mal sabiam o que esperar do destino.

A minha luta era enorme, pois acumulei várias tarefas nas minhas atribuições. Trabalhava desde os primeiros raios da aurora até as últimas horas do dia. Já não tinha tempo para pensar em mim mesmo. Acostumei-me a ver a saída e a chegada de vários irmãos, que eram comprados ou vendidos. E a troca de feitores, algo constante naquela fazenda.

O senhor agora não só bebia como também jogava. Semanalmente, chegavam outros fazendeiros que passavam a noite bebendo, jogando e divertindo-se no grande salão da fazenda. E, com esses homens, algumas mulheres que passavam a noite com eles e eram pagas para servi-los.

A sinhá tinha um menino branco como algodão e já estava com uma barriga imensa novamente. Pobre sinhá, pensei, pois além de o marido sair praticamente todas as noites, ainda trazia mulheres para dentro de sua própria casa. E, como bem dizia a minha avó Joana, "os brancos também sofrem demais!" e a sinhá é uma sofredora, vive só, não tem amigos e nem parentes por ela.

Certa noite, eu estava terminando de lubrificar os arreios quando vi dois feitores saindo às pressas e comentando:

— Vamos buscar o senhor. Urgente! A sinhá vai dar à luz!

E, ali mesmo, onde eu estava, fiz uma oração por ela. Eu sabia o quanto sofria uma mulher na hora do parto. Negra ou branca, a dor era a mesma.

No outro dia, enquanto cuidava dos meus afazeres, fiquei sabendo que duas parteiras e um doutor branco lutavam ao lado da Sinhá, que parecia estar morrendo. Ela já havia perdido as forças, e a criança não nascia. Fiquei aflito, o instinto de caridade e de salvar uma vida mexia comigo.

Seria pela razão de as nossas vidas não terem valor para os brancos? Cheguei a pensar nesta hipótese, mas logo caí em mim. Claro que não era isso! A vida não tem preço, a vida não é apenas um corpo, mas corpo e espírito e, assim, um todo!

E se eu me oferecesse para ajudar a sinhá? Só podia estar louco! O senhor era capaz de me deixar três dias no tronco sem água e sem comida. Confortava-me, pensando que, decerto, um doutor branco é como um deus; se ele não puder ajudar, imagine eu. Orei aos deuses e pedi que não desamparassem a sinhá.

Já era noite quando um feitor chegou ao barracão onde eu cuidava dos arreios.

— Negro, vai ao barracão das suas ervas, pegue o que tiver de pegar e venha depressa comigo à casa do senhor. Se conseguir salvar o filho dele, possivelmente morrerá de velho nesta fazenda. Ande logo, se apresse!

Corri ao barracão, peguei todo o meu equipamento de trabalho, incluindo as ervas para banho, infusão e chá. As ferramentas, eu mesmo havia confeccionado. E pensei: "Como é o destino! Vou usar na branca sinhá as mesmas ferramentas que uso nas negras! E que Deus me ajude a salvá-la!"

Ao chegar à porta da casa grande, encontrei o senhor completamente embriagado, que me falou com rispidez:

— Se deixar o meu filho morrer, não sairá inteiro daqui! Entre com respeito, e só saia de lá deixando o meu filho vivo ao lado da mãe.

— Leve-o ao quarto, negra, e ajude-o no que for preciso.

Atravessamos um corredor imenso e, chegando à porta, o médico e as duas mulheres de branco torceram o nariz, saindo sem dizer uma palavra.

A sinhá estava pálida e gelada e respirava com muita dificuldade. Aproximei-me e tomei-lhe o pulso; era evidente, o seu coração estava fraco. Pedi à negra Tiana que fizesse um chá de canela com pimenta da costa e trouxesse água quente, sabão, sal grosso, toalhas e uma lata de carvão em brasa.

Ao tocar no ventre da Sinhá, notei que tratavam-se de duas crianças, uma abraçada à outra. E, possivelmente, uma delas estava morta. Suspendi a cama com a ajuda das mulheres que serviam no quarto. Comecei a ajustar as crianças, afastei as duas cabeças, que estavam unidas na posição de nascer. Continuei animando-as com massagens suaves. Além de fracas, estavam machucadas com a violência das parteiras e do doutor de branco.

Fiz com que a sinhá tomasse o chá, esfregamos em seu corpo ervas que ativam a circulação, esquentei o ambiente, joguei resinas que ajudam na oxigenação sobre as brasas. Ela reagia melhor. Dei graças a Deus!

Meia hora de trabalho e a primeira cabeça surgia em minhas mãos, mostrando todo o corpinho. Eu me tornei tão sensível diante da vida que, naquele momento, eu não via uma criança branca ou preta, apenas um pequeno ser inocente. Tiana enxugava as lágrimas que desciam pelo meu rosto.

Entreguei o menino a Tiana, que se encarregou de limpá-lo, e continuei ajudando o outro a nascer. Vi uma pequena cabeça surgindo e um corpinho tão roxo que mais parecia um negrinho. Não chorou quando cortei o cordão umbilical. Era uma menina e mal arquejava. Estava semimorta. Com as pontas dos dedos, fiz massagens em seu pequeno coração; ela respirava com muita dificuldade.

O medo tomou conta de mim, eu me lembrava das palavras do senhor: "... Se deixar o meu filho morrer, não sairá inteiro daqui!"

Apressadamente, embrulhei o corpo da menina numa toalha e disse baixinho a Tiana:

— Leve-a daqui e a esconda no barracão. Peça a Nalva para cuidar dela até a minha volta.

Corri para sinhá, reanimando-a, e, em poucos minutos, ela recobrava os sentidos. O menino estava bem, e o senhor entrou acompanhado das parteiras e do médico.

— Pois é... às vezes, esses negros são capazes de fazer coisas impossíveis, principalmente as coisas ruins. — Comentou o doutor de branco, torcendo o nariz.

— Pode se retirar, o doutor agora cuidará deles. — Retrucou o senhor.

Eu saí quase correndo, o coração batendo acelerado. A menina já devia estar morta e, à noite, eu cuidaria de enterrá-la, pensei.

Não cometi nenhum crime, não tive culpa alguma da sua morte. Pensei nos meus filhos, que precisavam de mim.

Ao entrar no barracão, Nalva veio correndo ao meu encontro.

— Miguel, você ficou louco?! O que vai fazer com a filha do senhor?

Antes que pudesse responder, ouvi o seu choro fraco, mas lutando pela vida. Aproximei-me da rede e exclamei:

— Meu Deus, ela está viva! Valham-me todos os deuses! O que devo fazer agora?! As mulheres cercavam a rede, admirando a pequena, que se mexia e choramingava.

E Ritinha disse-me, conciliadora:

— Pensaremos o que fazer com ela. Tentarei fazê-la mamar. Vamos manter a calma. Vá descansar, Miguel, que eu cuidarei da menina.

Deitei-me sem conseguir sentir sono, as questões ferviam em minha cabeça. Como faria para devolver a filha do senhor? Como poderia mantê-la entre as nossas crianças negras? Seria difícil convencer os senhores brancos de que ela era filha de uma negra.

Levantei-me e fui à rede em que Ritinha dormia com o seu filho e a pequena.

— Como ela está?

— Muito bem. Mamou, já fez xixi e respira normalmente.

— Ritinha, o que vou fazer agora? Esta menina é a filha do senhor. Imaginei que ela estivesse morta, por isso pedi a Tiana para escondê-la. O senhor não sabia que eram duas crianças e ameaçou-me, dizendo que se eu deixasse o seu filho morrer, não sairia inteiro da casa. Pensando que a menina não tivesse resistido, fiz o que fiz.

— Calma, Miguel, vá cuidar da lida e eu vou pensar num jeito de lhe ajudar.

Aquele dia foi o pior da minha vida na fazenda, pois me meti numa encrenca e não conseguia ver saída. Passavam-me vários pensamentos: "E se eu matar a menina?" Deus, que pensamento horrível, eu jamais faria isso. "E se desse um jeito de deixá-la à porta do senhor?" Seria o meu fim. E quem me garante que ele acreditaria na minha história? Ficaríamos com a garota escondida entre os negros? Podia ser uma saída, mas até quando? A menina, certamente, seria tão branca quanto as nuvens, os olhos tão azuis quanto o céu, e os cabelos amarelos como ouro.

Passei o dia fora, na esperança de que quando retornasse alguém me sugerisse o que fazer. Entrei devagar no barracão, Ritinha veio ao meu encontro, dizendo:

— Ela dorme como um anjo, mamou, tomou chá, fez xixi e cocô. Tudo normal.

— Olha, Miguel, conversando com todas as mulheres, chegamos a uma conclusão: Vamos cuidar da menina e mantê-la aqui dentro do barracão. No decorrer do tempo, os nossos deuses mostrarão um caminho para solução do impasse. O que foi feito, está feito, não temos como voltar atrás. Vamos dar um nome a ela? Pense num nome.

— Vamos chamá-la Joana!

E assim foram-se passando os dias. Joana era uma boneca, meiga, risonha, olhos azuis e cabelos loiros; apareceram os primeiros dentinhos, gatinhava por todos os lados, era o nosso xodó.

Numa tarde, vi a Sinhá com o menino nos braços e fiquei sem fôlego do susto que tomei. O menino era idêntico à nossa Joana! Comentei com Ritinha, que me fez lembrar:

— Miguel, se os dois são gêmeos, o que você queria que acontecesse?

— Tem razão — pensei alto.

Via os meus filhos crescendo, gatinhando, caminhando, abrindo os braços para mim e sorrindo. Marcelina, uma das minhas filhas, tinha os olhos e o sorriso da minha mãe. Cada vez que ela me olhava sorrindo, eu derramava lágrimas de saudade. Josué era a cara do meu pai; e os outros pareciam comigo. E ali estava a minha família. Eu já não podia dizer que me sentia só, pois os meus filhos me rodeavam e enchiam o meu coração de alegria.

Joana estava crescida, queria sair e brincar com as outras meninas, e era difícil explicar a ela que não podia sair. As meninas perguntavam por que ela era tão branca e tinha os cabelos amarelos e olhos azuis. Era difícil explicar aos meus filhos pequenos a diferença entre eles. Eu amava Joana tanto quanto os meus filhos. Nas horas livres, sentava-me no chão com eles para contar histórias e mais histórias.

Certo dia, Nalva chamou-me num canto e falou:

— Miguel, veja o que fiz para passar nos cabelos de Joana. — Era uma lama negra com algumas cascas. Aquilo tingia roupas e cabelos brancos. Achei a idéia excelente!

— Joana com os cabelos tingidos de negro, poderá se disfarçar entre as nossas crianças e brincar fora do barracão. E, de longe, os feitores não desconfiarão — argumentou Nalva.

Os cabelos loiros ficaram negros. Nalva e Ritinha vestiram a menina com roupas compridas e colocavam um gorro na cabeça dela. Joana brincava no pátio da senzala com as outras meninas sem correr riscos, mas sempre vigiada pelas mulheres. E a vida, assim, seguia o seu rumo.

Ouvíamos muitos comentários por parte dos feitores, em especial, que o senhor andava penhorando todos os seus bens no jogo. Nunca mais o senhor comprou novos escravos, e todas as tarefas eram feitas pelos que restavam. E, embora o trabalho fosse árduo, tínhamos um consolo, pois, como ele não trazia novos escravos, nunca mais vendeu nenhum dos nossos.

Numa tarde, o feitor levou-me ao senhor, que, sentado numa cadeira de balanço com um copo na mão, fez-me sinal para chegar mais perto.

— Negro Miguel, a coisa não está boa aqui na fazenda. Temos muitas bocas para alimentar e pouca mão-de-obra. Como você é um negro que sabe lidar com cavalos e remédios, vou alugar você aos fazendeiros da vizinhança para arrecadar o dinheiro de que necessito. Preste bem atenção: você vai ser levado por um dos nossos feitores, será entregue ao feitor da fazenda e lá vai prestar seus serviços. Entre de boca fechada e saia também do mesmo jeito. À tarde, o feitor lhe pegará e trará você de volta. Um passo em falso e você bem sabe o que posso fazer. Amanhã cedo você vai começar numa fazenda próxima daqui. Leve as suas tralhas de amansar cavalos e as ervas para as suas garrafadas. Cuidado com o que vai fazer, não vou vendê-lo, vou alugá-lo.

Começou, então, uma nova etapa da minha vida. De uma forma ou de outra, eu respirava o ar fora da fazenda. Via coisas e pessoas diferentes. A viagem até às fazendas trazia-me grandes recordações da minha vida passada. Guardava, nitidamente, a imagem do meu pai e, em todos os lugares, ficava vendo os negros de meia-idade e procurando por ele. Quem sabe ele estivesse ali, entre os outros negros?, pensava.

A vida de Joana tornava-se cada vez mais difícil entre nós. Ritinha propôs que eu levasse a menina comigo e a deixasse numa fazenda em que os senhores brancos, ou até mesmo um feitor, pudesse tomar conta dela.

— Como posso fazer isso, Ritinha? A menina seria descoberta ainda na fazenda do nosso senhor.

— Você dá algo para ela beber, algo que a faça dormir por algumas horas, enrole-a num pano e coloque-a num saco. Assim, você estará ajudando-a e livrando-nos de uma desgraça maior no futuro. Pense no destino dos seus filhos!

— Vou pensar no assunto, Ritinha.

Comecei a analisar cada sinhá que eu conhecia e, mesmo sem conversar com elas, podia ver a alma de cada uma. E foi a sinhá Luzia que me chamou mais atenção, porque lembrava a nossa antiga sinhá. Era calma e educada. Observei-a, um dia, passando a mão carinhosamente na cabeça de um menino negro, e aquela atitude foi o suficiente para me convencer de que eu estava certo.

Desobedecendo às ordens do meu senhor, discretamente, informei-me e fiquei sabendo que a sinhá não tinha filhos e era uma santa para os seus escravos.

Eu era rentável para o meu senhor, pois era requisitado por todos os fazendeiros da região. Tomei conhecimento das ofertas que o meu senhor recebia pelo seu escravo, no caso, eu.

Um mês depois, eu falava ao feitor da necessidade de haver panelas e tachos para preparar os remédios. Naquele dia, entreguei a ele uma garrafa cheia de ervas amargas para os problemas do seu fígado. Mal ele sabia que, no meio dos tachos, panelas de barro e ervas, havia um pequeno corpo adormecido. Eu levava Joana comigo. Quando cheguei à fazenda, o feitor trouxe um negro para ajudar a levar o material ao barracão. Carreguei com cuidado o corpo adormecido de Joana e, assim que fiquei só, livrei-a dos panos, alisei o seu rostinho corado e chorei.

— Perdoe-me Joana, nunca pensei em fazer mal a ninguém, muito menos a você. Eu a amo, do fundo do meu coração, mas não posso ficar com você. Deus, que é o pastor de todas as ovelhas da Terra, guiará você melhor do que eu.

Andei em volta da casa grande, apanhando alguns gravetos secos; a sinhá colhia rosas no jardim e quando me viu sorriu e me chamou.

— Ah! Que bom vê-lo por aqui. Isto é erva ou mato? — Perguntou-me, segurando uma planta.

— Isso é quebra-pedra, sinhá. É um santo remédio para pedras nos rins.

— Então, vamos deixá-lo crescer. Pode cuidar de seu serviço, não quero atrapalhá-lo. Adoro cultivar rosas. Aqui no Brasil, o clima nesta época do ano é excelente para as roseiras. Nunca vi rosas tão belas e perfumadas.

Afastou-se, levando uma braçada de rosas coloridas.

Os arredores da casa estavam desertos. O feitor foi buscar os animais no campo para serem atrelados. Os escravos estavam ocupados em suas tarefas. Aquele era o momento!

Corri para o barracão onde deixei Joana. Tirei a sua roupa de escrava que joguei na fogueira onde ferviam as minhas ervas. Embrulhei-a em um lençol, pois ninguém poderia desconfiar de mim. Levei a menina, que suava adormecida, e coloquei-a na soleira da porta da casa grande. Voltei ao barracão e continuei mexendo o tacho, com lágrimas pingando dos olhos.

O sol estava no meio do céu, era meio-dia, quando ouvi o corre-corre lá fora. Ouvi o choro da menina, que já estava acordada. De longe, acompanhando tudo, eu também chorava.

A sinhá entrou em sua casa com Joana nos braços. Agora, Joana estava no lugar certo, dentro da casa dos senhores. Ela não nasceu na senzala, era uma sinhazinha.

O feitor chegava com os animais. A sinhá, com a menina nos braços, perguntava em voz alta:

— Manoel, você não viu ninguém estranho entrando aqui?

— Senhora, se entrou, foi na hora que eu fui buscar os animais; mas não vi nenhum movimento diferente na estrada.

O feitor dirigiu-se a mim, que fingia estar com os olhos vermelhos da fumaça.

— Miguel, sei que você esteve envolvido com os seus remédios, mas mesmo assim me diga: você viu alguém entrando aqui com uma menina nos braços?

— Não, senhor, eu não vi nada. E, para dizer que não saí daqui, fui próximo ao jardim catar alguns gravetos, quando a sinhá, apanhando rosas, consultou-me sobre uma erva, mas logo voltei.

— É...! Existem coisas que não se explicam. Essa menina deve ser filha do próprio senhor com alguma dessas mulheres que ele anda por aí. Bem, a sinhá não tem filhos, pode criar uma do marido. O pior é que vai sobrar para mim! O senhor vai achar que foi descuido meu e, decerto, me mandará para os campos.

Naquele dia, eu voltei à fazenda tendo a sensação de que um pedaço do meu coração ficou para trás. Lembrava-me de Joana, de seu doce rostinho, os olhos azuis brilhando quando via uma fruta à sua frente.

Enfim, Joana estava amparada, mas a minha consciência doía. Como eu podia julgar os brancos que tiravam os filhos dos braços de sua mãe? Eu tirei Joana de sua mãe, de sua casa.

Passaram-se dois anos, e eu ficava ansioso para voltar àquela fazenda, e de longe, observar Joana ao lado da sinhá. Bem-vestida, cabelos em tranças até a cintura, brincos de ouro na orelha, os olhos azuis enfeitando o rosto corado, parecia um anjo de Deus.

Na fazenda, as coisas pioravam. O senhor parecia louco, gritando com a sinhá na presença dos feitores e escravos. Os campos de lavoura acabavam-se; os escravos estavam usando trapos, e a maioria andava sem calçados; a senzala estava sem esteiras e precisando de reparos. Começou a faltar comida, já não sabíamos mais o que inventar para alimentar as crianças.

O feitor chamou todos ao pátio, onde estava o nosso senhor ao lado de um jovem. Então, fomos comunicados que, doravante, este seria o nosso novo senhor. Dentro de uma semana ele estaria assumindo a fazenda e a nós.

O novo senhor, então, apontando para mim, disse:

— A única mudança, desde já, é que o escravo Miguel não sairá mais daqui para trabalhar em outras fazendas. Informaram-me que você sai praticamente todos os dias para prestar serviços. A partir de hoje, você vai trabalhar apenas em minha fazenda.

Em vez de alegrar-me, pensei: "Meu Deus, nunca mais verei Joana! Os deuses castigam-me e carregarei um peso na minha consciência pelo resto da vida. Mil vidas eu tivesse, daria todas em troca da vida dela!"

E recordava-me de tudo o que ouvi das entidades: "mais cedo ou mais tarde, a sua própria consciência será o seu juiz".

Disseram-me que eu havia cometido um crime, tirando Joana dos seus pais. Que existia a Lei do Retorno e um dia eu teria de reparar esse mal.

Uma semana depois, ajudei a carregar os baús de viagem dos meus senhores. Vi os dois meninos subirem na carroça e sentarem-se ao lado da mãe. A sinhá saiu silenciosa, do mesmo jeito que chegou.

Eles partiam para terras distantes, disseram-me que o lugar se chamava França. Eles se foram, mas nós guardávamos um grande segredo: Joana. Ela, por certo, jamais conheceria os seus pais verdadeiros. E eles jamais saberiam que eram os pais de um anjo tão belo.

Capítulo XII

O ENCONTRO

O nosso novo senhor chegou, e a primeira coisa que mandou fazer foi vestir e calçar os escravos. Depois, abasteceu as despensas com muita comida. Mandou arrancar todos os troncos e varrer o terreiro. Reformou todos os barracões. Pintou a casa grande de branco e mandou fazer um jardim em volta dela.

A casa parecia outra. Muitos bois, cavalos, negros e sementes foram trazidos para a fazenda. Em poucos meses, os campos estavam cobertos de lavoura.

Eu fiquei livre da obrigação como reprodutor. Cada homem deveria escolher a sua mulher, pois o senhor consentia a união entre ambos.

Voltei a me sentir gente outra vez. Trabalhava com amor, via os meus filhos fortes e bem tratados e era tudo o que eu poderia querer de Deus.

Certo dia, o senhor perguntou-me:

— Miguel, eu sei que você era obrigado a gerar filhos, tanto que todas as crianças aqui têm a sua cara. Mas tudo isso já passou. Você é o melhor negro desta fazenda, e quero que você arrume uma esposa, porque não é justo viver sozinho. Sabe, Miguel, nestes próximos seis meses me casarei. Cecília não é apenas uma mulher... é um anjo. Quero que ela seja muito feliz nesta fazenda. Quero ver os meus escravos felizes também. Esqueça o que passou e arrume uma noiva para se casar.

Fiquei sem fala, respirando fundo, e respondi baixo:

— Senhor, no momento eu me sinto tão feliz de poder dormir e acordar sem medo, que receio me envolver com uma mulher.

— Está bem, Miguel, mas caso mude de idéia, venha falar comigo.

Comentei com Nalva e Ritinha que o senhor em breve se casaria e que teríamos uma nova sinhazinha em nossas vidas. Ele me disse que ela era santa, e agora a paz reinava entre nós.

— Vamos rezar para ser verdade — comentou Ritinha.

Ficamos satisfeitos com a chegada da sinhá, que tinha os olhos da cor de mel e os cabelos negros e lisos. Bem diferente das outras sinhás. À noite, a ouvíamos tocar o seu piano; era a coisa mais linda de nossas vidas.

Um belo dia, fomos chamados ao pátio da casa grande e deparamos com a sinhá de mãos dadas com senhor. E isso nos deu uma segurança muito grande.

O senhor, olhando para a sinhá e depois para nós, falou:

— A sinhá de vocês observou que faltam homens e mulheres de meia-idade por aqui. Ela acha que as pessoas mais vividas têm muito o que ensinar. Vou adquirir alguns avós para os filhos de vocês. Pessoas que possam lhes ajudar com as suas experiências de vida. Entreolhamo-nos admirados, parecia um sonho ou uma brincadeira.

Quinze dias mais tarde, Ritinha e Nalva receberam as instruções. Os barracões construídos ao lado do das mulheres deveriam ser preparados para receber novas mulheres; e outro barracão, ao lado dos homens, para receber os novos escravos.

Numa certa manhã, um feitor acompanhou os senhores ao mercado, onde haveria um leilão de escravos. Conosco ficou um outro feitor, que era mais amigo que feitor. Estávamos ansiosos! Ritinha brincou comigo:

— Quem sabe venha alguma nova moça e você se apaixone por ela. Você precisa se casar!

O sol já baixava no horizonte quando avistamos as carroças apontando na estrada de terra. O feitor me chamou para ajudar a receber as mercadorias. Retiramos os caixotes de compras, ferramentas para lavoura, sementes, querosene, mel e outras coisas para a fazenda.

Encostaram mais duas carroças, mas, nelas, as mercadorias eram pessoas. Ajudando as mulheres a descerem de seus assentos, qual foi o meu espanto: Eram as nossas negras velhas que voltavam! Comecei a chorar ali mesmo, elas também não continham as lágrimas. Continuei, então, ajudando os demais, que iam saltando da carroça, como Santino, Sebastião e outros negros que foram vendidos anos antes.

E mais uma grande surpresa! Avistei um homem magro, sem os dentes e com muitas cicatrizes nos braços; mas estava ali, vivo e de volta, Jade!

Finalmente, Ritinha poderia se casar e ser feliz.

O último velho a descer da carroça era manco, tinha cabelos brancos, um rosto magro que mostrava a marca dos sofrimentos passados; e não era escravo de nossa fazenda.

Ajudei a levá-los ao barracão dos homens e tratei de acomodá-los. Entreguei roupas limpas, indicando onde deveriam fazer suas necessidades e banhar-se.

Depois, voltei ao pátio e comentei baixinho com a Ritinha que o Jade havia voltado. Ela gritava, mordendo as próprias mãos, segurava a manga da minha camisa, perguntando-me se eu não estava enganado.

— Não pode ser verdade! — repetia, querendo correr ao barracão, mas não a deixei sair.

— Ritinha, escute, você já esperou tanto tempo, espere um pouquinho mais, logo poderá estar com ele e apresentar-lhe o filho de vocês.

Nalva entrou, com os olhos cheios de lágrimas:

— Miguel, as coitadas das avós têm veias inchadas e feridas nos pés, acho que você vai ter de preparar muitos remédios.

No meio dos negros velhos conhecidos, vieram duas negras e um negro velho que não faziam parte da nossa história na fazenda. Eram as avós Carolina, Marcelina e o avô Firmino.

As pretas velhas, além de ensinarem as mulheres a fazer comida, bordado, costura e panelas, contavam histórias para as nossas crianças e benziam todos nós, com a ordem do senhor.

Passamos a fazer as nossas reuniões uma vez por semana e, ao ar livre da noite, falávamos com os nossos deuses — as entidades.

Os pretos velhos ensinavam muitos segredos, como tirar o leite das vacas, rachar lenha, pescar, plantar e chocar ovos de galinha na lua certa.

O negro que mancava usava um chapéu de palha e falava pouco. Ele fazia pilões, gamelas, consertava tudo na casa grande e fazia brinquedos para as crianças.

Observando-o talhar a madeira de um pilão, falei:

— Firmino, vendo você fazer isso, lembrei-me do meu pai. Ele era mestre em fazer pilões, canoas e outras tantas coisas.

Sem levantar os olhos, perguntou:

— O seu pai já morreu?

— Não sei, Firmino. Quando nos separamos eu ainda era um menino.

— Quer um conselho, filho? Faça do seu presente o caminho que o levará àqueles que ama. Esqueça o que deixou para trás. A nossa história não teve começo nesta vida, e tudo o que possa ter acontecido com você já estava programado pelo Pai Maior.

— Tem razão, Firmino, vamos mudar de assunto.

Passando-se quase um ano da chegada de Firmino na fazenda, já havia aprendido com ele muitas coisas boas. Ele sempre tinha uma palavra de conforto para quem o procurava. Falava pouco, mas as suas palavras eram sábias — e eu me apeguei demais a ele.

Ele nos contou que ficou manco da perna depois de passar uma semana no tronco debaixo do sol e do sereno, por um castigo que ele não quis revelar. O nervo encolheu e nunca mais voltou ao normal. Mas isso não era motivo para revolta. "O corpo é feito de barro e vai ficar para trás. Uma alma sadia é tudo que precisamos para seguir adiante", ele dizia.

Numa noite de lua cheia, sentado embaixo da mesma palmeira, amiga das minhas horas de agonia, uma das entidades que chegava para nos acalentar disse-me: "Filho, você vive buscando uma estrela no céu e não percebe que tem um vaga-lume tão perto de você. Às vezes, meu filho, não percebemos que o nosso sonho também amadurece e modifica-se. Não procure no céu o que você pode achar aqui na terra. Olhe mais para o presente e pare de pensar num passado que já não existe. Nem para você nem para aqueles que ainda habitam os seus sonhos".

Ouvi tantas coisas bonitas, mas não compreendia o porquê das palavras do amigo. Passei a noite em claro, lembrando-me dos conselhos e das palavras da entidade que se chamava pai João de Aruanda.

Num sábado à noite, o feitor veio trazer anzol e barbante para todos os homens, alertando-nos que, na manhã seguinte, faríamos uma pescaria no açude da fazenda. O peixe apanhado seria mostrado ao senhor, e ele decidiria o que fazer. Aquilo parecia um sonho, todos os homens juntos, pescando e brincando, longe dos problemas raciais que nos separavam do mundo.

Passamos metade da noite amarrando os anzóis nas linhas que tecemos. Preparamos o facão para o corte dos bambus, a enxada para cavar a terra e apanhar as minhocas, o balaio para guardar o peixe.

As mulheres estavam animadas, pois o senhor era generoso demais, e, certamente, comeríamos uma boa peixada. Elas já preparavam as panelas e a farinha para fazer o pirão e tudo o mais.

Fiquei ao lado de Firmino à beira do açude, e ele me ensinava como lançar a vara e fisgar o peixe. Não demorou muito, o nosso balaio já tinha uma quantidade razoável de peixes. Puxei conversa com ele sobre o que ouvi do pai João de Aruanda.

— Eu acho, filho, que você deve esquecer todo o seu passado e procurar ver as coisas boas que o Pai Maior oferece. Este dia, por exemplo, é uma bênção de Deus! Não veja só com um olho, repare para os dois lados. Quando você começar e enxergar com os dois olhos — o do corpo e o do espírito —, vai descobrir que tudo o que passamos nesta vida vale a pena.

— Fui castigado na alma, Firmino, será justo pagar por aquilo que não fiz? — falei com ressentimento.

— Pergunte a Deus, filho: "Estarei devendo muito Senhor, por tudo aquilo que fiz?" — respondeu-me Firmino.

— Além de todas as coisas que sofri, também fui obrigado a ser o reprodutor da fazenda. A maioria das crianças, entre cinco e seis anos, é de filhos meus, Firmino.

— Pois é, meu filho, mesmo os seus filhos não sendo livres entre as leis dos brancos, você os têm livres diante dos seus olhos. Muitos, como eu, tivemos os nossos filhos em liberdade e os perdemos para sempre nesta vida. Mesmo assim, eu não reclamo com o Senhor que está no céu, porque sei que um dia os terei de volta.

— Então, o senhor teve filhos?

— Tive liberdade, casa, esposa e filhos.

— De onde o senhor veio?

Antes de Firmino responder, o feitor nos chamou, mostrando um peixe de mais ou menos um quilo e meio que ele havia fisgado. Foi uma festa e todo mundo queria ver o peixe!

Voltamos ao nosso lugar e logo eu estava insistindo com Firmino para falarmos das nossas vidas. Algo me unia a ele, eu gostava de sua companhia e ele me transmitia muita paz.

Já passando de onze horas da manhã, falamos de muitos assuntos, e as palavras de Firmino eram como um bálsamo para o meu coração. Ficamos alguns minutos em silêncio e, depois, foi Firmino quem falou:

— Fale-me um pouco de você, Miguel. Nasceu aqui mesmo na fazenda?

— Não, eu não nasci aqui, Firmino. Cheguei com sete anos e alguns meses. Fui comprado por alguns senhores que eram bondosos conosco tanto quanto os atuais senhores. Fui raptado juntamente com o meu pai. Nasci numa aldeia nas proximidades de Angola, acho que fica do outro lado do mundo. Digo isso pelo tempo da viagem até aqui. Viemos num navio negreiro. Meu pai foi vendido e levado embora. Eu continuei no mercado e, como já falei, fui comprado pelos bondosos senhores. Foi a última vez que vi o meu pai. Sonho demais com ele e daria tudo para saber se ainda está vivo. Andei por essas fazendas, no tempo em que o nosso antigo senhor alugava-me para prestar outros serviços. Prestava atenção em cada negro que achava ter idade para ser o meu pai. Mas foi tudo apenas ilusão. Não consigo me conformar em pensar que nunca mais verei o que deixei para trás, a minha mãe, o meu pai. A minha mãe ficou lá, não sei o que pode ter acontecido, mas ainda lhe restavam filhos, pais e amigos. Meu pai e eu perdemos tudo e todos. Se, pelo menos, estivéssemos juntos, a nossa vida não seria tão triste.

Continuei falando de mim, da minha querida avó Joana, dos meus sofrimentos e revoltas, das aparições no cemitério e dos sonhos com o meu avô. Quando parei de falar, notei que Firmino segurava a vara, tremendo. E grossas lágrimas escorriam pela barba branca.

— Desculpe-me, Firmino, eu não queria deixá-lo triste com as minhas histórias.

— Não, filho, você não me deixou triste com as suas histórias. Você me deu a maior alegria que um homem pode receber em toda a sua vida!

— Diga-me uma coisa, Miguel, como era o seu nome em Angola?

— Meu nome em Angola era Luís Fernando.

— E o nome do seu pai?

— Meu pai se chamava José Joaquim

— E o nome de sua mãe?

— Minha mãe se chamava Marluce.

— Mas por que o senhor me faz todas essas perguntas?

— Porque o meu nome é José Joaquim, fui casado com Marluce, tive três filhos com ela. O mais velho se chamava Luís Fernando. Fomos raptados na mata enquanto recolhíamos um tronco de árvore. Luis, a sua história é a minha história!

Inacreditável! O destino, então, nos reaproximou.

Esquecemos que estávamos pescando, esquecemos que éramos dois escravos, esquecemos todo o sofrimento, caindo nos braços um do outro. Chorando, ficamos abraçados não sei por quanto tempo.

O feitor e todos os homens, em silêncio, observavam o nosso reencontro. Muitos entenderam o que descobrimos ali, com o balanço das águas. As nossas lágrimas se misturavam e nos olhávamos bem dentro dos olhos.

— Meu amado pai! Então, os deuses estavam certos. Buscava algo distante, que era o seu amor, e o senhor tão perto de mim, como um vaga-lume, seguindo-me e iluminando meu caminho!

Imediatamente, o senhor ficou sabendo da nossa descoberta e ordenou que fizéssemos uma festa com os peixes, ofertando uma garrafa de aguardente para brindarmos o acontecimento.

Recebemos também a ordem do senhor para que todos os trabalhos com as nossas entidades, guias, deuses — ou como quiséssemos chamá-los — deveriam ser feitos no terreiro da casa grande. Ele queria assistir aos trabalhos e entender como esses mensageiros tão humildes e tão sábios eram capazes de ajudar qualquer pessoa.

Ali, embaixo das estrelas, sob a luz da lua cheia e diante dos olhos dos nossos senhores, começamos a tocar o nosso tambor, a cantar os nossos pontos e a louvar os nossos guias, nossos deuses.

Vivi com o meu pai os melhores anos da minha vida!

Após doze anos do nosso encontro, ele se foi. Enterrei-o ao lado da cova da minha avó Joana. E posso dizer que nada mais queria de Deus. Via os meus filhos crescendo e recordava todos os momentos com o meu pai. Lembrava-me da felicidade nos olhos dele por ter tantos netos.

Sem o meu pai, eu me sentia solitário, angustiado e saudoso. Já não pensava mais em retornar para Angola, me questionava: "sS houvesse uma oportunidade de retornar à sua aldeia, partiria?" E a resposta que vinha de dentro de mim era "não".

Meus filhos já eram moços e moças, os nossos senhores estavam com saúde e continuavam com muita bondade no coração. O senhor brincava sempre comigo, dizendo:

— Miguel, arruma uma noiva!

E eu sempre lhe respondia a mesma coisa:

— Sou feliz como estou, senhor.

Três anos após a morte do meu pai, eu ajudava a levar os móveis para o quarto da sinhazinha Lucien, filha de um fazendeiro da vizinhança. O irmão mais moço do nosso senhor era idêntico a ele, em sabedoria e bondade. Moço estudioso e fino, tratava os negros como gente. Ele acabara de se casar com a sinhazinha Lucien e morariam na fazenda do nosso senhor.

Fui requisitado para ajudar na mudança da nova sinhá, e fiquei surpreso quando descobri que a fazenda era a mesma da que eu havia deixado Joana.

Fiquei mais surpreso quando soube que a sinhá Lucien era a própria Joana! Continuava linda como um anjo do céu, e meiga, como sempre.

Ao chegar perto da carruagem que eu conduzia, ela me olhou e disse, sorrindo ao senhorzinho:

— Engraçado, eu tenho a impressão de conhecer esse senhor.

— O Miguel? Impossível, faz mais de quinze anos que ele não sai da fazenda. E, que eu saiba, é a primeira vez que você vem à nossa fazenda, ou não é?

— Sim, é a primeira vez... — respondeu pensativa.

Na fazenda, ela olhava em direção à senzala e olhava-me, como se no fundo de sua alma estivesse reconhecendo alguma coisa naquele lugar.

À noite, chamei Ritinha e Nalva e contei que Joana era a nova sinhá. Surpresas e alegres, as duas se abraçaram, chorando. Ritinha falou:

— Só pode ser coisa de Deus! Temos a nossa boneca de louça junto a nós outra vez.

Todos os dias, Joana ficava horas observando o meu trabalho e falando coisas de sua vida na fazenda dos seus pais. Ela os amava e falava da bondade de sua mãe e da saudade que sentia.

Eu rezava e agradecia aos deuses por saber que ela foi bem cuidada e agora tinha o futuro seguro com aquele jovem senhor.

Um dia, eu limpava as feridas de um animal, enquanto Joana, observando-me, disse:

— Miguel, vou confessar uma coisa: Tenho a nítida impressão de que já vivi nesta fazenda e que conheço você não sei de onde. Sinto-me tão bem na senzala, parece que já morei lá. É uma sensação de felicidade e de saudade. Olho para você e sinto saudade de algo que não me lembro. Não conte isso a ninguém, senão vão pensar que eu estou louca, mas é isso que sinto, Miguel.

— Seja como for, sinhá, esta casa é sua, e eu sou seu servo. Pode contar comigo para qualquer coisa e não se acanhe de gostar da senzala. Todos os escravos desta fazenda, eu sei, amam a senhora. E eu também vou confessar algo para a sinhá: amo-a como a uma filha verdadeira.

Jogando as tranças loiras, ela se levantou, rindo.

— Miguel, vou à senzala conversar com tia Rita e tia Nalva. Se você encontrar goiabas vermelhas, pode trazer algumas para mim? As frutas que você colhe, não sei por que, são diferentes das outras.

Ela saiu com o seu jeito de menina, e eu, com o chapéu na mão, agradecia a Deus pela felicidade de Joana. Nunca lhe poderia contar a verdade. Ou poderia? Sim, talvez Deus estivesse me dando a oportunidade de reparar o mal que fiz àquela menina, separando-a dos seus verdadeiros pais.

Eu já havia aprendido com os guias e mensageiros de Deus o que é a Lei do Retorno. Eu estava tendo uma chance de aplicar essa lei. Só não tinha pensado ainda em como fazer.

Os pais de Joana certamente viviam ainda no tal lugar chamado França. Ela me contou que o senhorzinho, antes de vir ao Brasil e casar-se com ela, morava e estudava na França.

— Miguel, o que se passa, homem de Deus? — Gritava o senhor junto a mim.

Virei-me para o senhor, ajeitando o chapéu na cabeça.

— Perdão, senhor, eu não o vi chegando.

— Chamei-o três vezes, mas você parecia uma estátua. O que se passa? Conheço-o e sei que você deve estar com um problema muito sério.

— Senhor, a França fica muito longe daqui?

Rindo, o senhor respondeu:

— De navio, hoje, vinte e poucos dias. E até já sei por que você me perguntou isso. A Lucien deve ter comentado que pretendo levá-la para conhecer a França no próximo ano, não foi isso? Fique tranqüilo, eu levo e trago a sua sinhá, Miguel.

E batendo nas minhas costas, o senhor afastou-se, rindo.

Não importa o que possa me acontecer, chegou a hora de aplicar as lições da senzala.

Capítulo XIII

A CONFISSÃO

Naquela tarde, dirigi-me ao velho cemitério onde descansavam o anjo chamado vovó Joana, além do meu amado pai, muitos amigos, e alguns dos meus filhos.

Andei de um lado para o outro, a solidão do campo santo me inspirava paz e, ao mesmo tempo, coragem. Tocava na cova de cada ser amado, as lágrimas desciam saudosas, cada um deles era um pedaço de mim. Já não guardava tanta revolta em meu coração, como no tempo de minha juventude; a vida, por mais dura e severa que seja com um filho de Deus, também ensina e ajuda cada um de nós a ser mais humilde e paciente.

Sentei-me ao lado da cova de vovó Joana e relembrei o seu rosto, seu sorriso, sua voz calma, lembrava de todos os seus conselhos. Suspirei e falei em voz alta:

— Anjo de Deus, venha me acudir... eu preciso tanto dos seus conselhos. O que fazer, meu Deus? Sei que é chegada a hora, preciso encontrar o jeito certo de agir, não posso trazer mais infelicidade para o coração dessa menina.

Recostei-me no arbusto que agora recobria a cova da vovó Joana. De olhos fechados, tentava imaginar o que aconteceria com Lucien. Não temia o castigo que me poderia ser aplicado, pois o castigo e o peso maior já carregava em minha consciência, não poderia existir outro maior.

Dizia para mim mesmo: "Estou pronto para receber qualquer castigo com humildade e resignação".

Tinha sido tão feliz nestes últimos tempos, recebi tantas bênçãos de Deus... Agora podia praticar abertamente a minha fé, pois o senhozinho concedia a tarde de sábado para todos os escravos cultivarem a sua religião. De vez em quando, ele ia observar os trabalhos dos escravos e se mantinha numa posição de muito respeito. Todas as entidades cumprimentavam-no respeitosamente, e não tinha um só negro naquela fazenda que não o amasse.

Todos os domingos vinha um sacerdote celebrar missa na capela da casa grande, o senhozinho permitiu aos escravos que se sentassem no terreiro da casa grande para ouvir a pregação do sacerdote. Eu não perdia uma missa e, comparando os ensinamentos do sacerdote, reparava que só mudava a linguagem, os ensinamentos eram muito parecidos.

Assim, encostado no arbusto, logo adormeci e comecei a sonhar que estava com seu pai, chegando em nossa aldeia.

Corri para ver a plantação de dendê e fiquei boquiaberto a quantidade de palmeiras que tomavam conta da mata. Tudo estava diferente, não reconheci nenhum dos homens que conversavam sentados embaixo de uma palmeira carregada de cocos amarelos da cor do ouro.

Fiquei parado, um nó me apertava a garganta, meu pai chegou mais perto e me disse:

— ... Meu filho, nós mudamos, eles também mudaram, mas somos os mesmos; vá, abrace seus irmãos! Não procure os seus verdadeiros tesouros entre os homens, procure em seu coração. Vamos, alegre-se! Você sonhou tanto em vir até aqui, agora está em casa. Vamos rever onde ficava nossa casa.

Nada mais restava no lugar da casa, a não ser poucos pés de palmeira e alguns destroços. Meu pai, com o braço em torno dos meus ombros, disse-me:

— Aqui eu passei uma parte de minha vida, foi aqui que pude semear um pouco de mim mesmo. O resultado foi que colhi muitos frutos bons, como você.

Emocionado, não conseguia falar, apenas me perguntava: "Onde está minha mãe? Cadê meu avô e meus irmãos?"

Como se ouvisse minhas perguntas, meu pai me respondeu:

— Eles estão guardados em seu coração! Tudo o que guardamos em nosso coração, no cofre da alma, fica em segurança, meu filho. Um dia você vai poder se encontrar com todos eles.

De repente, já me via na senzala com a cabeça no colo da vovó Joana; chorava enquanto ela alisava minha testa e falava:

— Miguel, preste atenção mais uma vez no que vou lhe dizer: nunca duvide de Deus, aproveite, meu filho, todas as chances que Ele lhe der. O maior presente que você recebeu Dele foi sua vida, zele sempre por ela. Deus, meu filho, prepara o nosso caminho de uma forma correta e justa. Você está tendo uma grande oportunidade de reparar a única coisa errada que fez nesta vida, contando a verdade. Conte toda a verdade para seus senhores, e tenho certeza de que eles saberão como agir para com a inocente menina. Não carregue esse fardo para seu túmulo, meu filho. Os pais da menina vivem sem conhecer uma verdade que somente você pode contar. É chegada a hora de aplicar as lições da senzala, e Deus há de ser misericordioso contigo, pois Ele é Luz e Verdade.

Acordei assustado. Uma corrente de vento soprava no campo santo de um lado para o outro, e já anoitecia. Passei a mão pela testa, estava suando frio, senti aquele cheiro de ervas misturado com flores — era o cheiro da vovó Joana. Ela estava ali, lembrava-me do sonho e parecia ainda ouvir todas as suas palavras.

Meu pai estava a meu lado também, todos estavam ali. Pediria a proteção das entidades e logo mais procuraria os senhores e faria a minha confissão.

Já estava escurecendo quando voltei à casa grande; o feitor veio ao meu encontro, dizendo:

— Homem de Deus, tem gente precisando dos seus remédios e você sumiu!

— Desculpe-me, senhor Ernesto, a minha falta de atenção. Vou com o senhor agora mesmo ver os doentes.

Fiquei até as dez horas da noite limpando e tratando das feridas de alguns trabalhadores, usando unguentos nas picadas de insetos em outros trabalhadores da lavoura. Terminada minha tarefa, saí andando lentamente, observando o céu estrelado, o sereno da noite sobre as plantas que exalavam um cheiro divino. Pensava em meus irmãos que trabalhavam na lavoura e sabia o quanto aquilo era difícil para eles.

Na lavoura é comum as pessoas se machucarem e serem picadas até por cobras, escorpiões e outros bichos. Eu tinha sempre à mão remédios preparados para essas emergências. De vez em quando um feitor vinha me buscar às pressas para cuidar de picadas de cobras venenosas. Graças a Deus, sempre dava tempo de acudir os irmãos; nunca deixei um só negro morrer pela picada de nenhuma cascavel, o remédio estava ali, à mão. Lembrava-me do dia em que, ainda muito jovem, acompanhei a avó Joana em busca de umas batatas para preparar remédios. Presenciei de longe a luta entre uma cascavel e um teiú: a cascavel picou o teiú na cabeça, o bicho saiu rápido e começou a cavar uma daquelas batatas. Comeu uma certa quantia, e a avó Joana então me ensinou:

— Para combater veneno de cascavel, aquela batata é a indicada.

Ensinou-me que precisamos andar pelas matas com muito cuidado e respeito, observar o comportamento de cada animal, da formiga às onças, pois cada ser tem o seu instinto natural de defesa. Assim, aprendi a colher e preparar o antídoto contra venenos. Cada cobra venenosa tem sempre uma batata, uma raiz ou uma erva que é o tratamento certo; é preciso conhecer tanto as cobras quanto os remédios.

Com todos esses pensamentos cheguei em frente ao barracão onde morava Jade, Ritinha e os filhos deles. Encontrei Nalva, que saía de lá. As duas eram amigas inseparáveis, não tinha uma noite que, após as tarefas, elas não ficassem conversando horas e horas a fio. Brincava com elas, perguntando onde arrumavam tantos assuntos para ficar todos os dias conversando sem parar. E eu sempre ouvia a mesma resposta:

— Amigos têm sempre o que falar um para o outro, e se não tiver um assunto bom, a gente inventa — e gargalhavam.

Apesar de cativos, todos os escravos guardavam o dom da alegria em seus corações.

Assim que Nalva me viu, correu até mim perguntando:

— Alguma coisa mais grave, Miguel? Já é tarde e você ainda está com seus remédios aí nas mãos.

Suspirei e respondi:

— O doente em estado mais grave hoje sou eu, Nalva!

Assustada, Nalva me tomou pela mão e disse-me:

— Vamos lá em casa! O que é que você está sentindo, Miguel? Pelo amor de Deus, me fale!

Arrastou-me até o seu barraco, me fez sentar e, olhando-me, falou:

— Te conheço bastante para saber que alguma coisa não está certa. Vou chamar a Ritinha, e nós três vamos conversar.

Sem esperar resposta, saiu correndo, voltando em seguida com Ritinha, que também estava assustada.

Nós três ficamos sentados perto do fogão a lenha, que ainda estava aceso. Nalva pôs café em três canecos para tomarmos, os três se entreolhavam, e foi Ritinha quem falou:

— Miguel, pelo amor de Deus, o que está acontecendo?

Engoli o café e respondi:

— Vou esperar até sábado, falarei com uma das nossas entidades e aí vou procurar os nossos senhores e contar toda a história de Lucien. Não posso mais carregar esse peso nos meus ombros. Se Deus me concedeu esta chance, colocando a minha pequena Joana diante de mim, tenho por obrigação confessar o meu crime, contando-lhe toda a verdade sobre o seu nascimento.

Nalva e Ritinha arregalaram os olhos e as duas falaram ao mesmo tempo:

— Miguel, pelo amor de Deus, não! Você não pode fazer isso! O que poderá acontecer a você, e mesmo a Lucien? Os pais dela são aqueles que ela conheceu. Os filhos de quase todos os negros mundo afora por acaso sabem quem são os seus pais? Ou onde estão os seus pais? — gritou Ritinha.

— Você mesmo, Miguel, viveu quase toda a sua vida longe dos seus pais! Uma revelação dessas, agora, pode custar a sua vida. Pelo amor de Deus, deixe as coisas como estão.

Ritinha ajoelhou-se, chorando, e pediu entre lágrimas:

— Miguel, pelo amor dos nossos pais, não faça isso! O que você fez foi dar a vida a ela; se fosse outro, a teria matado naquele dia. No entanto, você arriscou a sua vida para salvá-la. Deixe tudo como está.

— Ritinha e Nalva, e os ensinamentos de nossas entidades? Eles não valem nada? — respondi. Eu recebi a confirmação da minha decisão hoje; dormi no cemitério e sonhei com a avó Joana me pedindo para fazer a revelação aos senhores. Mesmo assim, vou esperar até sábado, conversarei com um dos nossos mentores; sei que eles vão me ajudar. Estou pronto para qualquer castigo que me couber no corpo, porque tenho a certeza de que me libertarei na alma. Não fiquem preocupadas, nenhuma de vocês será citada nessa história, o único responsável sou eu.

Assim transcorreram os dias da semana, que me pareceram uma eternidade.

A lua iluminava o terreiro, que estava todo enfeitado de flores e ervas colhidas das plantações em volta dos nossos barracões.

Os senhores estavam com visitas, que quiseram acompanhar de perto os nossos trabalhos. Sentados em suas cadeiras de balanço, eles observavam e comentavam entre si o desenvolvimento dos trabalhos.

Todas as entidades ali eram maravilhosas, jamais poderíamos dizer que existia uma melhor que outra. Os médiuns (ou cavalos, como eram chamados naquele tempo — pois o cavalo representava o transporte, e o guia precisa de um transporte para chegar até nós) eram confiáveis. Ninguém ali precisava aumentar, inventar ou criar ilusões espirituais.

Naquele tempo não havia tantas mistificações, como vemos nos tempos de hoje. Naquela época, os escravos temiam mentir para os senhores, facilitando para os guias um médium saudável e confiável espiritualmente.

A chegada, naquela noite, foram dos irmãos africanos (pretos velhos hoje). Antes de me dirigir a um deles, fui chamado pelo pai João de Angola.

Quem incorporava a entidade era a Ritinha. Ele me recebeu sorridente, pediu que me sentasse à sua frente, pois tínhamos muitas coisas para conversar. Começou a falar comigo assim:

— Pai João de Angola, meu filho, não está aqui para lhe mostrar o que você deve ou não fazer de sua vida. Eu estou aqui para ajudar você naquilo que deseja fazer de sua vida. Deus já lhe mostrou o caminho e o que você deve fazer. Eu o ajudarei a chegar até o seu caminho, mas a decisão será sua. Os seus afazeres são suas obrigações, não dos outros. Ninguém jamais poderá desfazer aquilo que você fez, a não ser você mesmo.

Nisso, eu já estava chorando, e ele me acalmou, dizendo:

— Um homem foi levado à cruz para nos salvar sem ter pecado algum, e você deve sustentar a sua cruz para salvar a si mesmo por seus pecados.

Pedi forças e coragem para começar a preparar o caminho a ser percorrido, o caminho da verdade.

Recebi muitos conselhos. Interessante que, aos pés dele, me enchi de tanta coragem que não via a hora de poder contar para meus senhores tudo o que aconteceu no dia do nascimento de Lucien. Fui orientado como proceder nas minhas revelações.

Voltei ao barracão, Ritinha e Nalva foram atrás de mim. Elas tinham esperança de que eles tivessem me aconselhado a silenciar o meu erro, no entanto, foi o contrário.

Eu estava em paz; não importava o que os senhores fizessem, eu não seria abalado espiritualmente. Desabafei para as duas:

— Não vejo a hora de chegar amanhã. Vou pedir ao nosso feitor, assim que terminar a missa dos senhores, para falar com eles. Não vejo a hora de tirar este peso do meu coração.

As duas mulheres choravam e balançavam a cabeça. Eu as animei, dizendo-lhes:

— Tenho certeza de que tudo var sair melhor do que eu penso.

Naquela noite dormi tranqüilo, me senti leve e digno.

No raiar da aurora eu já estava de pé, cuidando dos meus afazeres. Fui colher as ervas e preparar um remédio para uma criança que estava com febre e diarréia.

O sol já apontava no céu quando o feitor veio até a mim. Então, aproveitei a sorte e pedi:

— Senhor Ernesto, gostaria de lhe pedir um grande favor.

— Fale, Miguel, se estiver ao meu alcance... — respondeu-me ele.

— Eu preciso falar com os nossos senhores após a missa. É muito importante, senhor. Sei que hoje é o único dia da semana que eles costumam ouvir os pedidos dos negros.

— Mas por que os dois senhores? Um não basta, Miguel?

— Senhor Ernesto, é que o assunto é muito delicado e muito pessoal, tem de ser com os dois.

— Hum! — respondeu o senhor Ernesto, batendo de leve nas minhas costas. — Acho que deve ser algum pedido de casamento. Se for isso, já era tempo, Miguel, vou falar com eles.

Fiquei esfregando as mãos, Ritinha e Nalva me cercaram. Ritinha antecipou-se, dizendo:

— Miguel, ainda é tempo de voltar atrás, Sei que os nossos Orixás não erram nunca, mas nós erramos, Miguel. Pense bem antes de tomar essa decisão, nós tememos por você. Para mim, você é meu irmão querido. Você pode imaginar o que estou sentindo, Miguel?

Abracei Ritinha e disse-lhe:

— Você é a minha irmã querida, e sei que me quer muito bem. Por isso mesmo, me deixe fazer o que é certo, só assim me sentirei em paz.

Naquele dia, o sermão do sacerdote foi muito bonito. Ele falou do reino de Deus, que na casa do Pai havia muitas moradas para todos nós. Acrescentou que Jesus não via a cor da pele, mas a cor da alma, que poderia haver entre os negros da senzala espíritos iluminados, que a nossa diferença era apenas a missão.

Assim que terminou a missa, o sacerdote e os senhores da casa tomaram café com bolos, pães e outras guloseimas feitas pelas negras da casa grande — elas faziam tudo aquilo com muito gosto e orgulho.

Fiquei por ali mexendo nos arreios e esperando ser chamado pelo feitor. Vi o sacerdote subindo na carruagem que o levava de volta à sua igreja na cidade, e os dois senhores ao lado das sinhazinhas.

Os sinhozinhos sentaram-se na varanda da casa em suas cadeiras de balanço forradas com couro de carneiro, e vi quando o mais velho deu sinal para o feitor, e este gritou pelo meu nome, dizendo:

— Miguel, pode vir falar com os senhores.

As duas sinhazinhas se retiraram, e eles estavam sorridentes.

— Ande, Miguel, venha até aqui. Sente-se aí — me falou o senhor apontando um banco. Eu estava suando e tremendo, apesar de toda a minha preparação para enfrentar aquele momento

O senhor caçula, rindo, falou:

— Miguel, homem de Deus, que tremedeira é essa? Parece que viu um fantasma! Peça logo o que você deseja, é se casar?

Sentei-me no banco e, olhando para o meu senhor mais velho, disse:

— Senhor, eu estou aqui para fazer uma grande confissão.

Os dois se entreolharam, sérios. O senhor tossiu nervosamente e me respondeu:

— Seja o que for, Miguel, você é um escravo de muita confiança, por isso sei que tudo o que vem de você é verdadeiro.

— O que tenho a revelar é uma história longa, porém verdadeira. Sei que vou causar um grande desgosto para os senhores, mas é chegada a hora de falar.

E, como se estivesse vivendo tudo novamente, fui relatando os acontecimentos do passado. Eles me ouviam em silêncio.

Após ter confessado todo o meu segredo, levantei a cabeça. O senhor mais velho estava pálido e tremia um pouco os lábios. O senhor mais jovem pegou um copo de água, oferecendo a ele, mas também estava pálido.

O senhorzinho mais novo veio na minha direção e deu-me um soco com tanta violência que deslocou o osso do maxilar do meu rosto.

— Miguel, seu porco nojento, por que fez isso?

O senhor mais velho levantou-se, segurando o irmão e pedindo ao feitor para me levar dali. O feitor estava apavorado com o que havia presenciado. Naturalmente ele não tinha ouvido a minha revelação, mas de longe viu a reação que provoquei nos meus senhores.

O feitor, senhor Ernesto, também estava pálido, e comentou:

— Nunca vi o senhorzinho agredir ninguém. E fez isso justo a você, que é considerado um escravo-modelo! Miguel, por Nosso Senhor Jesus Cristo, o que você foi pedir aos senhores para deixá-los assim? Não posso acreditar no que acabo de ver — acrescentou ele.

Saí chorando, nada respondi. Chorava não pela minha dor, mas pela dor que causei àqueles dois bons senhores. Ritinha e Nalva ficaram apavoradas quando me viram sangrando e com o queixo caído. Correram para preparar os remédios. Deitei-me numa rede no barracão da Ritinha.

Ali também me preparava para assumir todas as conseqüências do meu ato covarde. Sabia que daquele dia em diante a minha vida passaria por uma nova mudança, o castigo que viesse ainda era pouco para o que eu tinha feito àquela família.

Capítulo XIV

A SURPRESA

Fui tratado pelas duas mulheres, que choravam sem parar. O feitor veio saber como eu estava e, olhando para mim, disse-me:

— Eu não posso imaginar o que você falou aos nossos senhores. Só estranho que logo você, Miguel, que não tem boca para ofender ninguém, tenha deixado os dois senhores naquela situação.

No fim da tarde, o feitor veio me buscar; os senhores queriam falar comigo. Fui levado até o paiol de milho, os senhores pediram para o feitor se retirar e me deixar a sós com eles.

O senhorzinho mais velho começou a falar:

— Miguel, se você nos contou mesmo a verdade, e é o que vamos procurar saber, a mãe de Lucien possivelmente é nossa irmã por parte de pai. Sabe o que isso quer dizer? Você desgraçou muitas vidas e fez com que o tio e a sobrinha se unissem num casamento pecaminoso. Amanhã você vai nos acompanhar até a fazenda dos pais de Lucien, vai confirmar toda essa história na frente deles e, se a mãe de Lucien confirmar que tudo isso realmente aconteceu, teremos de tomar outras decisões, inclusive no que diz respeito a você.

Eu não acreditava no que acabara de ouvir, meus Orixás e meu Deus! Não era possível. O que eu ouvia não podia ser verdade! Eu tirei Lucien da sua família e, agora, destruí a vida dela novamente, pois pelas leis de Deus e dos nossos orixás um tio não pode se unir a uma sobrinha, é um incesto!

O senhorzinho marido de Lucien estava abatido, encontrei nos seus olhos um brilho de ódio, sabia que a vontade dele era me matar. O senhor mais velho também estava abatido, decepcionado e triste, eu pude ler isso em seus olhos.

No outro dia logo cedo as carruagens partiram, os feitores e os escravos da casa estavam assustados. Eu, com o queixo enfaixado, sentei-me cabisbaixo ao lado do cocheiro. Ouvi um dos negros comentando baixinho com o outro:

— Será que vão vender o Miguel?

O outro respondeu:

— Ninguém está entendendo nada, justo o Miguel!

Andamos pelas estradas, que estavam floridas. Era primavera, muitos pássaros voavam de um lado para o outro; eu, encolhido, observava a paisagem como se estivesse dormindo. Tudo me parecia um sonho, ou melhor, um pesadelo.

Chegamos à fazenda dos pais de Lucien. Eles receberam os senhores com muita alegria, a mãe ficou procurando por Lucien e, assim que se certificou de que ela não tinha vindo ficou calada, pude ver lágrimas disfarçadas em seus olhos.

O senhor ordenou ao feitor que me vigiasse até a sua volta. Fiquei sentado num tronco de árvore, e o senhor Ernesto, num tom amigável, me perguntou:

— Miguel, por Deus me conte o que você fez para irritar tanto assim os senhores? Me fale, quem sabe eu posso te ajudar, posso intervir a seu favor junto aos senhores. Começo a desconfiar que fizeram alguma intriga contra você e que agora você está pagando por algo que não merece. Nunca vi esses senhores tomarem uma atitude dessa nem com um animal, ou com o pior escravo da fazenda. Agora, justo com você, que é fiel como um cão... não consigo entender.

— Senhor Ernesto — respondi —, não se preocupe comigo. Eu não estou sendo vítima de ninguém a não ser de mim mesmo. Pode ficar sossegado, ninguém naquela fazenda fez nada contra mim.

Após umas duas horas de espera fui chamado até a varanda da casa grande, a sinhazinha me olhou de cima a baixo e, por fim, disse:

— Realmente este negro cuidava dos cavalos e dos remédios dos nossos escravos uma vez por semana. Sem dúvida nenhuma é ele mesmo; e realmente no dia em que a menina apareceu na porta da minha casa ele estava no barracão, cuidando das ervas.

A mulher chorava, o senhor marido dela estava com o rosto em brasas e levantou-se, gritando em minha direção:

— Por que não matamos esse porco de uma vez?

O senhozinho, então, respondeu-lhe:

— Ainda temos de confirmar com o meu suposto cunhado se realmente o que ele nos contou é verdadeiro sobre o parto da minha suposta irmã. Só quando tivermos certeza absoluta de que a mãe de Lucien é nossa irmã vamos decidir o destino dele! Nunca procurei descobrir as aventuras do nosso pai, mas agora a situação é outra.

Ele continuava falando:

— Comprei aquelas terras do meu suposto cunhado a fim de ajudar a sua mulher e as crianças. Ele me disse que voltariam para a França, como de fato voltaram; e lá ela tem parentes que sei que olha um pouco por ela. Aqui ele a maltratava muito, bebia demais e perdia tudo no jogo e com mulheres, estava arruinado financeiramente. As últimas notícias dele obtivemos antes de o meu irmão vir para o Brasil. Soubemos que ele parou de beber e que mudou muito. A mãe de Lucien é filha de uma viúva bem situada em Paris, e soubemos há poucos anos que ela teve um caso com o nosso falecido pai, e que desse romance havia nascido uma criança, que tememos ser a mãe de Lucien.

E o senhorzinho começou a falar do passado, que eu tanto conhecia:

— A irmã desse meu suposto cunhado é uma mulher maravilhosa, viveu nestas terras como uma heroína, moça fidalga, deixou todo conforto para trás acompanhando o esposo para o Brasil, um país estranho, onde não tinham parentes ou amigos. Fui colega de faculdade do marido dela, um sujeito extraordinário, com um coração grande. Ele teve alguns problemas na França, fazia parte de um movimento não reconhecido pelas leis daquele país. Conheci a esposa dele quando ainda estavam noivos; fui a seu casamento e lamentei muito a sua saída tão repentina para o Brasil. Mal sabia eu que também chegaria a minha hora de sair da França. Hoje estou vivendo nas mesmas terras onde ele viveu, e sei que foram muito felizes aqui. Pena que meu amigo morreu tão jovem, não deixando nenhum herdeiro. Reencontrei a sua esposa em Paris, ela me contou que o irmão e a cunhada estavam vivendo no Brasil em sua fazenda e que o lugar era uma paraíso, tirando os sofrimentos dos escravos das redondezas. Na época em que a encontrei, ela já estava conformada com a viuvez, estava até de casamento marcado com um próspero fazendeiro da região. Cinco meses mais tarde fui convidado para o seu segundo casamento. Foi no casamento dela que conheci a minha esposa.

— Cinco meses depois eu recebi uma intimação para depor num processo com o qual jamais estive envolvido. Consegui por intermédio da nossa amiga embarcar para o Brasil e me livrar do processo injurioso contra a minha pessoa. Foi assim que conheci o irmão dela. Já vim com esse propósito: comprar as suas terras e ajudá-lo a retornar à França.

— Meu irmão contou-me que ela teve um casal de gêmeos, após tantos anos de espera por um filho. Ganhar dois filhos de uma só vez é uma bênção dos céus.

Eu ouvia os senhores conversando e mesmo de cabeça baixa observava o senhorzinho caçula. Ele estava abatido, revoltado, fora de si; eu daria a minha vida para não ver aquela tristeza tomando conta dele.

Casado há tão pouco tempo, feliz da vida com esposa a quem amava loucamente e, de repente, receber um golpe como esse. Eu me sentia um monstro e, ali naquele canto, encolhido, remexia na minha consciência: os negros falam dos brancos, mas não sabem quanto mal já fizeram ou estão fazendo a eles. Como pude, meu Deus, ser tão perverso, tão mesquinho com uma criança?

O senhor dono da casa levantou-se e, aproximando-se do senhorzinho caçula, disse-lhe:

— Eu irei com vocês investigar toda essa história. Será que não estamos fazendo tempestade num copo d'água? Pode ser que Lucien não seja sua sobrinha, e aí nada tem de errado o casamento de vocês.

O senhorzinho, com os olhos vermelhos, respondeu gritando:

— Mas e se for? Me fale o senhor o que devo fazer?

A mãe de Lucien chorava debruçada num canto da mesa; a situação era de fato muito delicada.

Ficou resolvido que viajariam dentro de quinze dias, que a mãe de Lucien ficaria na fazenda com as duas sinhazinha até eles retornarem da França.

O senhor mais velho, olhando para mim, disse num tom ríspido e magoado:

— Levante-se traidor ingrato! Vamos seguir.

Combinaram que voltariam a se encontrar para acertar os detalhes da viagem. Subi na carruagem ao lado do feitor e me sentia um pouco morto por dentro, a fala não saía, a minha boca queimava.

O feitor me olhou de cima abaixo e balançou a cabeça, entristecido e penalizado com a minha situação — ele era um homem de bom coração. Fizemos todo o percurso em silêncio, na minha cabeça vinha a imagem da minha bondosa sinhá. Então ela tivera gêmeos também, era coisa de família.

Veio-me a lembrança do pai de Lucien: era um homem violento e sem coração. Haveria mudado? Foi o que escutei. Ele espalhou tantas desgraças entre nós, era tão diferente de sua irmã... seria possível uma pessoa como ele mudar?

Chegando à fazenda, fui direto ao barracão. Ritinha e Nalva vieram correndo até mim:

— Miguel, pelo amor dos nossos pais, nos fale o que aconteceu? Estávamos aqui desesperadas, todo mundo está falando que os senhores iam vender você. Fale, Miguel, o que houve?

Eu me sentia cansado, exausto, e com muita dor. Calmamente respondi para as duas:

— Por favor, me dêem alguma coisa para tirar esta dor, me deixem descansar um pouco. Ainda não aconteceu nada do que precisa ser feito, quando estiver melhor e podendo falar, falo com vocês.

No outro dia, eu cuidava das minhas obrigações quando Lucien apareceu repentinamente. Estava com as faces coradas e tinha os olhos marejados. Me pegando pelos braços, ela suplicava:

— Miguel, por Deus me fale a verdade, não minta para mim! Foi o meu marido que fez isso com você? Foi ele quem te bateu, Miguel?

Eu, me soltando de suas delicadas mãos, respondi serenamente:

— Sinhazinha Lucien, eu juro pelos meus orixás, seu marido nada fez contra mim. Por favor, não escute o que falam os escravos; eles às vezes falam demais. Eu saí com os senhores, e eles já estavam comentando que iam me vender, tudo isso é boato.

Suspirando, ela respondeu:

— Bem, isso é verdade. Eles estavam comentando que você seria vendido, eu não acreditei, conheço o meu marido e o meu cunhado. Você é o escravo favorito da fazenda, eles jamais fariam nada contra você. Meu cunhado já falou diversas vezes que você é o braço direito desta fazenda.

— Me fale a verdade: o que aconteceu com o seu rosto, que está inchado?

— Foi o coice de um cavalo, sinhá, apenas isso.

— O que você foi fazer com o meu marido e o meu cunhado na fazenda dos meus pais? Me fale, eu fiquei triste em não poder acompanhá-los. Estou morrendo de saudades dos meus pais.

— Eles foram tratar de negócios, sinhá, me levaram como reserva se precisassem de mim para arrumar uma carroça ou um arreio pelos caminhos. As estradas ainda estão muito ruins, é o começo da primavera, ainda tem lugar que não secou bem.

Torcendo as mãos e de cabeça baixa, ela falou:

— Eu queria tanto ver meus pais e fiquei triste de não ter acompanhado meu marido.

Nisso o senhorzinho vinha em nossa direção, chamando por ela.

— Eu só estava conversando com Miguel um pouquinho, meu amor.

— Vamos para casa que está escurecendo. Vai indo que já lhe acompanho, vou só falar um pouquinho com Miguel.

Assim que Lucien afastou-se, o senhor, com o olhos crispados de ódio, me pegou pela gola do camisão e disse-me:

— Seu negro traiçoeiro, se pegar você mais uma vez conversando com Lucien lhe corto a língua em pedaços. Fique longe dela! De hoje em diante, até segunda ordem, você vai para o campo todos os dias. E quando estiver na fazenda, fica proibido de circular perto dela. E ai de você se pensar em fugir.

Baixei a cabeça e apenas respondi:

— Sim, senhor.

No outro dia cedo já estava no meio dos negros que iam para os campos da lavoura. O feitor, senhor Ernesto, que tomava conta dos afazeres da fazenda, ficou cismado com a decisão dos senhores.

Para os dois feitores da lavoura, o senhor recomendou:

— Ele será mais útil lá com vocês; qualquer reclamação a respeito dele, comunique e não o deixe escapar do meio de vocês. Até segunda ordem, ele vai acompanhá-los na lavoura.

Um dos feitores, montado em seu cavalo, chegou perto de mim e perguntou-me:

— Miguel, sei que você está na fazenda desde menino e nunca pisou na lavoura, sei que foi reprodutor, é curandeiro, amansador de cavalo, parteiro e outras coisas mais. O que aconteceu agora que, de uma hora para outra, os senhores te empurram para a lavoura?

— Senhor feitor — respondi —, eu sou apenas um escravo da fazenda. Os meus senhores têm toda liberdade de me colocar em qualquer tarefa.

— Bom, se é assim o que você pensa, acho que vamos nos dar bem, pior se você estivesse revoltado como alguns que não querem vir para a lavoura. Pensando bem, vai ser muito bom para a saúde da negrada, não precisarem esperar tanto tempo para serem curados de suas feridas. A partir de amanhã, traga toda a sua tralha de curativos, isso vai ajudar a todos nós.

Eu não estava acostumado com o trabalho do campo, e no fim do dia mal conseguia me manter em pé. Assim que terminamos de limpar e guardar as ferramentas, o feitor me chamou, dizendo:

— Vamos seguir para a fazenda, depois do jantar você vai cuidar dos doentes. Essa foi a ordem que recebi do senhor quando passou aqui esta tarde. E recomendou que amanhã cedinho você se levante e vá colher as ervas e adiantar o preparo dos remédios, antes de seguir para o campo.

— Sinto muito, Miguel — acrescentou o feitor — infelizmente, eu apenas obedeço ordens. Sei que você está cansado, tanto quanto os outros, mas a ordem do senhor deve ser respeitada, eu não posso fazer nada por você.

De cabeça baixa, respondi:

— Não se lastime por mim, os senhores estão certos, os doentes precisam ser curados.

Quando terminei minhas tarefas com os doentes já era mais de meia-noite. Deitei-me na minha rede e caí num sono pesado, parecia estar vivendo novamente no navio negreiro, o sentimento de medo pelo porvir era o mesmo.

Com o cantar dos galos me levantei e fui catar as ervas; retornei com os primeiros raios do dia. Uns quarenta minutos depois ouvi o toque de levantar. Saí do barracão levando os meus remédios, encontrei Ritinha com uma caneca de café e um pão de milho:

— Miguel, beba e coma isso.

Engoli o café rápido e coloquei o pão no bolso do camisão:

— Não posso me atrasar — respondi. Ela ficou parada, e ainda vi as lágrimas descendo pelo seu rosto.

Seguimos nosso trajeto, os feitores montados em seus cavalos, algumas mulas que transportavam o nosso material de trabalho, água para os negros beberem e outras coisas usadas no campo.

Alguns negros cantavam pelo caminho, outros iam rindo e conversando. Os mais jovens faziam planos para o sábado à tarde. Eu ia calado, levando o meu material nas costas. O feitor veio até a mim e pegou o saco, colocando nas costas da mula e falando bem alto:

— Guarde suas forças para trabalhar no chão, para a mula não custa nada levar esse peso.

Mesmo falando grosseiramente como deviam falar os feitores com os escravos, eu sabia que ele queria me ajudar, falava alto para mostrar a sua autoridade entre os negros.

No campo, tive oportunidade de conhecer a união e a força que tem um povo quando luta pelos mesmos objetivos ou está andando numa mesma trilha: é um estendendo a mão para o outro.

Apesar do trabalho árduo, pesado e cansativo, aqueles homens brincavam, tiravam versos uns com os outros, dividiam suas cuias de água, um levantava o outro quando caía. Se um estava triste, o outro logo animava com palavras de esperança e de consolo.

Na hora do almoço, assim que chegava a carroça trazendo a nossa comida, parecia uma festa. Todos se sentavam juntos, comiam fazendo brincadeiras uns com os outros. No final do almoço, todos agradeciam a Deus fazendo o sinal-da-cruz.

Assim se passou a primeira semana da minha nova jornada de trabalho. Só ia dormir após ter cuidado de preparar todos os remédios e atender os doentes. No sábado, antes de retornarmos do campo, o feitor me chamou e deu a seguinte ordem:

— Miguel, eu sou o seu feitor, obedeço ordens e passo as ordens dos senhores. Recebi a ordem de que você não retorne direto para a fazenda, mas vá apanhar as ervas para usar na semana, sem desviar-se um metro do limite autorizado por eles. — E acrescentou: — Até segunda ordem, todos vocês estão proibidos de tocar seus tambores no terreiro da casa grande. Os demais negros podem continuar ouvindo a missa aos domingos, menos você. Imagino que eles não privaram os negros de ouvir missa para não intrigar o sacerdote. Não imagino o que tenha acontecido de tão grave para os senhores estarem castigando você dessa maneira, Miguel — continuou o feitor. — Bem, por fim, a ordem é: você não deve mais circular em volta da casa grande, até segunda ordem dos senhores, e, por favor, não nos traga problemas. Apesar de tudo, eu gosto do seu jeito, negro Miguel, não gostaria de ser obrigado a castigá-lo.

— Fique tranqüilo, senhor feitor, jamais desobedeci nenhuma ordem dos meus senhores e, se Deus quiser, jamais vou decepcioná-lo.

Me afastei com lágrimas nos olhos; o meu castigo estava sendo mais difícil do que eu imaginara. Ficar isolado como um bicho, sem poder receber as bênçãos dos nossos guias e sem poder ouvir as palavras do sacerdote.

Quando a ordem foi dada para todos os meus irmãos fiéis e devotos dos nossos orixás, vi a revolta nos olhos deles. Ouvi alguém comentando:

— ...Isso é culpa do Miguel, ele aborreceu os senhores, e agora todos nós pagaremos pelo seu erro.

Um outro irmão contestou:

— ... Não fique julgando sem saber o que fala! Eu não acredito que essa ordem seja por causa do Miguel. Se fosse assim, seríamos proibidos de ouvir a missa também. É, você tem razão, mas que tem alguma coisa errada — ah! — isso tem!

O sol já estava baixinho quando retornamos do campo. Na entrada da mata avisei para todos em voz alta:

— Vou colher as minhas ervas, sigam com Deus, não se preocupe, feitor, antes do anoitecer estarei de volta ao meu barracão.

Entrei na mata e, ali sim, senti o gosto da liberdade. Senti saudade da minha infância e juventude ao lado da avó Joana. Mas, apesar de todo o sofrimento do momento, eu me sentia em paz comigo mesmo.

Estava escurecendo quando retornei. Passei pelos feitores e me encaminhei ao barracão; Ritinha, Nalva e outras mulheres mais velhas estavam lá, sentadas à minha espera.

Ao me ver entrar, Ritinha correu até a mim, chorando:

— Miguel, por que nós não podemos mais receber os nossos orixás?

— Ritinha — disse eu —, ninguém proibiu você de receber os nossos orixás, simplesmente não podemos ir até o terreiro da casa grande. Os nossos orixás estão aqui do nosso lado, você sabe disso. O porquê de os nossos senhores tomarem essa decisão de não mais permitir a manifestação dos guias no terreiro da casa grande, só Deus é quem poderá nos dizer.

As outras mulheres foram para seus barracões, menos Ritinha e Nalva e, notei que elas queriam falar comigo a sós. Nalva, então, começou:

— Miguel, não tivemos mais tempo de conversar, sei que alguma coisa muito mais séria aconteceu na fazenda do pai da sinhazinha. Essa semana os pais dela vieram aqui, os senhores se trancaram toda a tarde, deixando a sinhazinha de fora. O marido da sinhá Lucien está completamente mudado depois que você revelou o origem do nascimento dela. Ele anda ríspido e bruto com ela, essa semana ela foi correndo até a senzala te procurar. Inventamos que você agora acompanha os negros na lavoura para facilitar o traballho de cura deles. Sabemos que isso não é verdade, mas o que poderíamos dizer e ela?

— As sinhás estão arrumando as roupas dos senhores, ouvi dizer que viajam nestes três próximos dias. Vão os nossos dois senhores, ficando aqui o pai da sinhá Lucien cuidando das fazendas e dos negócios deles.

Diante da preocupação das duas mulheres, achei justo lhes contar o que ouvi na casa do pai da sinhá Lucien sobre a possibilidade de eles serem tio e sobrinha. As duas ficaram sérias, mas logo Nalva respondeu:

— Entre nós, negros, até pai com filha se deitam sem saber. Por que os brancos também não podem?

Ritinha logo entrou na conversa, dizendo para Nalva:

— Mulher, pare de falar bobagens! Você não percebe a gravidade do caso?

Estávamos conversando baixinho quando ouvimos batidas à porta. Abri, era o feitor com a seguinte ordem:

— Amanhã de manhã você deve deixar em ordem as duas carruagens mais novas dos senhores, eles vão viajar. Preste atenção, Miguel: amanhã, logo após o término da missa, os senhores vão até o celeiro para falar com você, esteja lá. É só isso por enquanto, durma bem.

Capítulo XV

A MUDANÇA

Com os primeiros raios da aurora, eu já estava polindo e lubrificando as rodas e os eixos das carroças. Enquanto trabalhava, não podia deixar de pensar no que ainda estava por vir.

Quando ouvi o canto de encerramento da missa, corri para o celeiro e fiquei meio escondido entre os sacos de milho. Vi a carruagem do sacerdote se afastando e, logo após, Lucien descendo as escadas da varanda. Olhava de um lado para o outro, como se procurasse por alguém.

Meus olhos se encheram de lágrimas ao vê-la sofrendo daquele jeito. Como eu a amava, meu Deus! Será que fiz bem em confessar a verdade aos senhores? A minha menina sofria, estava sendo castigada por algo que não tinha culpa. O que eu poderia fazer?

Logo atrás dela veio o senhorzinho, ele pegou seu braço e a levou para dentro.

Os escravos se afastaram, os feitores, discretamente em seus postos, observavam de longe o que se passava.

Os senhorzinhos entraram no celeiro e logo me descobriram encolhido num canto. O senhor mais velho, muito sério e desviando o olhar, começou a falar:

— Negro Miguel, nós somos obrigados a ir até a França tentar reparar um mal que você nos causou. Reze para que o pai e a mãe de Lucien estejam vivos, reze mais ainda para que eles entendam o que você fez. Mas todas as suas orações devem mesmo se concentrar no sentido de que Lucien não seja a minha sobrinha. Não levarei em consideração toda a sua vida de trabalho e dedicação à fazenda, usarei a minha própria justiça com você. A fim de evitar futuros problemas, na nossa ausência você ficará sob os cuidados do pai de

Lucien, permanecendo na fazenda dele, até que regressemos com o seu destino.

Arrume suas tralhas, pois ainda hoje você deve ir embora. Esteja pronto logo após a almoço de vocês. Os feitores vão conduzi-lo até lá, e não quero nada de falatórios com quem quer que seja. Arrume suas coisas em silêncio e não deixe que ninguém perceba.

Antes de sair, o senhorzinho, marido de Lucien, olhou-me como se eu fosse um verme dos mais nojentos.

"Meu Deus!" — Caí de joelhos — "Como posso deixar os meus filhos, os meus irmãos e os restos mortais do meu pai e da minha querida avó Joana? Deus, o que será de mim?"

O sol já cortava o meio do céu (depois do meio-dia) quando o senhor Ernesto chegou no meu barracão e me chamou, dizendo:

— Vamos lá, Miguel, temos de seguir viagem. Até levar você e retornar vai estar escurecendo, e as estradas ainda estão ruins.

Saí discretamente, não levei quase nada, pois não tinha muita coisa a levar. Sentado ao lado do feitor, observava em silêncio as flores que se abriam com a chegada da primavera. O feitor parecia incomodado com a situação e, após uma meia hora de silêncio, falou:

— Miguel, seja o que for o que você tenha feito aos senhores, eu quero que saiba, nada tenho contra você e, pelo contrário, só lhe devo favores. Quantos remédios você já preparou para a minha família? Eu já me preocupo como vamos ficar sem você e sem os remédios. Sinceramente, espero que você volte logo para a fazenda, e que tudo seja esclarecido. Eu, particularmente, não acredito que você tenha feito nada de errado. Caso os senhores venham me perguntar algo sobre você, minhas informações serão: "Miguel é o melhor e o mais correto negro desta fazenda, e tenho certeza de que todos os feitores e todos os negros pensam a mesma coisa, por isso não consigo entender o que está acontecendo".

Engraçado como uma palavra amiga ajuda as pessoas a se sentirem bem; as palavras amigas do feitor me deram forças, me consolaram ao saber que alguém via alguma coisa boa em mim. De cabeça baixa agradeci ao feitor, deixando as lágrimas caírem dos meus olhos.

Ao chegarmos à fazenda, fui recebido pelo feitor de lá, que já me conhecia de vista.

— Desce, negro Miguel, e me acompanhe. Vou te levar até o barracão que você vai dividir com os outros negros, a sua nova casa.

Olhei para o senhor Ernesto e vi que ele estava contristado em me deixar ali. Acompanhei o feitor e logo entrava no barracão, que cheirava a mofo e a suor.

Haviam várias redes armadas dentro do barracão. Ele me apontou uma no canto de uma janela e disse-me:

— Você vai ficar ali. Fique aí e espere as ordens do seu novo senhor. Assim que ele me passar as ordens, volto para comunicá-las a você.

Coloquei o saco no canto da parede e vi que alguns negros dormiam, alguns roncavam dentro de suas redes. Aos domingos, o negro trabalhador do campo podia dormir à tarde.

Um deles me observava em silêncio, eu não sabia se falava com ele ou se esperava ele falar comigo. Sentei-me na rede e fiquei parado. O negro, então, se virando, perguntou-me:

— Você vem emprestado desta vez ou foi vendido?

Ao que eu respondi:

— Sinceramente, ainda não sei se fui emprestado ou vendido. Vou aguardar para saber o que me espera.

— Eu me lembro de você quando vinha amansar os cavalos e preparar remédios aqui na fazenda. Eu tinha uma sarna danada, me curei com aquela pomada que você preparou. Nunca esqueci do bem que você me fez, só não esperava vê-lo aqui no meio de nós. Você chama-se Miguel, não é verdade?

— Sim, eu me chamo Miguel. Não me lembro de tê-lo visto por aqui.

— Eu ainda era um pivete — respondeu ele. — Me chamo Artur, este barracão aqui é onde ficam os negros que racham lenha e puxam a roda. É o serviço mais pesado da fazenda, eu só estou admirado por que quem faz isso são os jovens e vejo que você já não é tão jovem assim. Conte comigo, Miguel, no que puder te ajudar, farei com todo gosto.

Agradeci ao meu novo companheiro de sina a gentileza dele. Fiquei pensando e matutando o que é a vida: se você faz o bem, quem recebe esse bem às vezes esquece, mas se você faz o mal, quem o recebe dificilmente esquece, pois o mal é mais lembrado que o bem. Que bom que esse jovem não havia se esquecido de mim.

Era noitinha quando o feitor veio me buscar. Fui levado à presença do senhor, que me tratou como se eu fosse um animal selvagem.

Na minha frente, deu a seguinte ordem para o feitor:

— Se esse negro não rachar uma carrada de lenha até o meio-dia, fica sem o almoço. Se ele não puxar seis cargas de mandioca na roda, fica sem o jantar. Quero que você fique atento a todos os movimentos dele. Esse negro tem parte com o demônio, ele age como as serpentes, em silêncio. Aqui ele vai aprender a dar valor à vida.

Aproximando-se mais de mim, olhou-me com desdém e falou:

— Se você tentar qualquer coisa aqui na minha fazenda, te cortarei um braço e uma perna e jogarei para os urubus comerem na sua frente! Experimente me aborrecer ou me desafiar! Mandarei buscar a sua ninhada (ele se referia aos meus filhos) e lhe mostrarei o que sou capaz de fazer. Até a volta dos seus senhores, você será meu escravo, vou lhe ensinar o que significa respeito. Sem que eu estivesse esperando, ele me deu uma bofetada com tanta força que o meu queixo tornou a cair.

O sangue começou a jorrar do meu nariz, o meu camisolão ficou empapado. O senhor gritou para o feitor:

— Tire esse verme nojento da minha frente, amanhã ele começa no trabalho.

Fui lavar a minha ferida e tentar colocar o queixo no lugar antes que inchasse muito; a dor foi horrível. Quando retornei ao barracão, Artur me olhou assustado.

— O que houve, Miguel? Deus do céu, você está sangrando!

A dor era tão forte que eu mal podia falar, mas mesmo assim respondi:

— Não se preocupe, Artur, está tudo bem. — Para mudar de assunto, continuei falando — Você tinha razão, Artur, vou rachar lenha com vocês e puxar a roda também. Mas fique tranquilo, eu estou acostumado com serviços pesados; ultimamente estava trabalhando no campo.

À noite foi servido para os negros uma espécie de angu de milho com carne-seca, eu mal pude engolir umas colheradas, comi porque sabia que precisava armazenar forças para o trabalho do outro dia.

Os galos começaram a cantar, anunciavam o alvorecer. Os negros se levantavam e corriam para o mato, era lá no que se chamava de "munturo" (um pedaço de terra com algumas árvores baixas, formando moitas) que os negros faziam as suas necessidades fisiológicas. Esse local ficava sempre atrás da senzala; todos os dias um negro se encarregava de cavar o chão e cobrir de terra as fezes ali depositadas. Uma vez por semana, essa terra era misturada com palha de bananeira seca e queimada.

Eu amarrei um pedaço de pano no alto da cabeça, prendendo o queixo, entrei na fila com os demais negros. Peguei uma caneca de barro cheia de café com leite e um pão de milho. Após engolirmos o nosso café, cada negro recebeu o seu machado, pois todos os dias, após o trabalho, eles eram recolhidos pelos feitores, como precaução, pois os negros não tinham armas em seus barracões — além disso, os feitores faziam uma vistoria nestes locais uma vez por semana. Cada negro fazia a sua marca no machado, os feitores já conheciam a ferramenta de cada um.

Recebi o meu machado, com a seguinte recomendação: "o machado está bem afiado, se deseja almoçar antes de começar na roda, é bom saber usá-lo".

A lenha a ser rachada por mim era angico, madeira com casca grossa e deslizante. É necessário dar três a quatro machadadas para atingir a madeira, que é dura como pedra.

Os outros negros me olhavam com certa pena; depois fiquei sabendo que com o angico, meia carrada era considerado uma, exatamente pela dificuldade que a madeira oferece.

Era quase hora do almoço e ainda me restava uma boa parte de madeira. O feitor foi chamado para receber algumas instruções do senhor. Artur já tinha terminado a sua carrada, correu para junto de mim e começou a rachar a lenha comigo, mais dois negros, que também haviam terminado, correram a me ajudar. Havia entre os negros solidariedade quando era possível.

Quando o feitor apareceu, me restavam três estacas. Os negros sentados fingiam rir de mim. Quando terminei de rachar as três estacas, meu corpo tremia; estava molhado de suor.

O feitor me observou e falou em voz alta:

— Hum! O senhor não vai acreditar quando souber que você realmente conseguiu fazer isso. É o primeiro negro que racha uma carrada de angico em meio dia de serviço.

Após o almoço fomos puxar as rodas. Eu ia puxar água, para abastecer a fazenda. Fiquei sabendo que dois negros faziam aquilo, e não apenas um, mas consegui com muito esforço dar conta do trabalho.

Naquela fazenda começava uma nova história em minha vida. Todos os dias o feitor me trazia uma ordem diferente. Fiz de tudo naquela fazenda. Num mês que eu estava lá, emagreci tanto que dava para contar todas as minhas costelas.

Dificilmente eu almoçava e jantava no mesmo dia, estava sempre recebendo um castigo por serviços que humanamente dois homens fariam com muito sacrifício. O trabalho era passado para mim já com o alerta: perderia o almoço ou o jantar.

À noite, estirado na minha rede, o corpo doía, mas a minha consciência doía mais ainda. Ficava imaginando como estava Lucien, os meus filhos e meus amigos que ficaram na fazenda. Me perguntava:

"O que será que os senhores estavam resolvendo na França?" Só me restava orar, orar muito.

Seis meses se passaram, acho que envelheci mais de vinte anos. Podia me ver nos reflexos das águas e me assustava com a minha própria aparência. Devido aos golpes no meu queixo, fiquei com um lado do rosto um tanto alto. O meu corpo era só couro e osso, as minhas mãos estavam calejadas e enrugadas, à noite as pernas me doíam muito, tinha dia que eu amanhecia em claro de tanta dor.

Uma tarde eu estava puxando a roda de moer (moía cana-de-açúcar para tirar o melado) quando o feitor veio me buscar, dizendo:

— Miguel, aparece lá no terreiro da casa grande. Parece que tem novidade para você.

Estremeci... "o que seria agora?".

Lá estavam os meus três senhores, sentados em cadeiras de balanço.

Ao me aproximar, percebi o susto que o meu senhor levou ao me ver. Perguntou para o dono da casa se eu estava doente. Este lhe respondeu:

— Que me consta, não. A magreza dele deve ser a falta da mordomia que você sempre lhe deu. Aqui ele trabalha como os outros; ou melhor, um pouquinho mais que os outros.

Os senhorzinhos me pareceram mais calmos, as suas feições estavam tranqüilas. Agradeci intimamente a Deus, acho que eles não eram tios de Lucien.

O meu senhor mais velho, disse-me, calmamente:

— Miguel, vá arrumar suas coisas, você vai voltar para a fazenda. Os pais de Lucien estão lá te esperando, e você vai ter a grande chance de contar pessoalmente a eles o que você fez aquela noite.

O senhor, pai adotivo de Lucien, gritou:

— Mexa-se, negro! Anda, vai arrumar as suas tralhas. Quem sabe você volta no verão para puxar água. Vamos precisar do dobro que usamos hoje.

Fui correndo ao barracão, peguei o saco com as minhas poucas coisas, lamentei não poder me despedir dos meus amigos, especialmente de Artur, que nos últimos tempos era um filho para mim. Sinceramente, só não morri porque ele me ajudou a viver.

Antes de partir, notei que até o senhor pai de Lucien estava mais calmo. Entrei na carruagem e me encolhi num banco, ao lado do senhor Ernesto, que arregalou os olhos ao me ver. Durante toda a viagem não trocamos nenhuma palavra, mas quando chegamos à fazenda, assim que os senhores desceram, ele me puxou pelo o braço e me perguntou:

— Está doente? O que você tem? Eu não reconheci você, o que foi isso no seu rosto, que está deformado?

— A roda escapou e bateu em meu rosto, senhor Ernesto, peguei uma febre e emagreci muito, mas logo vou me recuperar, não é nada sério.

Ao chegar no barracão, todos me abraçavam chorando. Ninguém falava claramente o susto que a minha aparência causava, mas eu notava na expressão de cada um o sentimento de dor e de piedade. Não pude conter as minhas lágrimas ao ver que tinha tantos amigos ao meu lado. A minha vontade era de ir correndo ao cemitério visitar a cova dos meus entes queridos, mas me contive, pois perdi a confiança e a liberdade de andar livremente pela fazenda.

À noite, o feitor veio me buscar. Na varanda da casa grande, ao lado do senhor mais velho, as sinhás da casa e o marido de Lucien não estavam presentes.

As minhas mãos suavam frio, o meu antigo senhor estava bem diferente, cabelos grisalhos, bigode, e bem mais gordo. A sinhá, no entanto, me parecia muito bem.

O meu senhor ordenou ao feitor que se retirasse e me deixasse a sós com eles. O pai de Lucien, sem sair de sua cadeira, me olhava sem piscar.

— Miguel — disse o meu senhor —, agora você vai repetir toda a história que você nos contou a respeito do nascimento de Lucien. Mas, antes, quero dizer que você teve sorte. Lucien não é minha sobrinha. Ela continua sendo apenas a esposa do meu irmão. Nos conte novamente aquela história do dia do nascimento de Lucien.

Agradecendo a Deus por não ter destruído a vida de Lucien com o senhor, me enchi de uma força estranha e comecei a relatar todos os fatos ocorridos naquela noite. Falei do medo que senti de morrer e deixar os meus filhos, não tinha como segurar as lágrimas enquanto falava, elas desciam pelo meu rosto. Quando terminei de contar tudo, fiquei em silêncio, esperando a minha sentença. O senhor pai de Lucien permaneceu em silêncio, no entanto, a sinhá sua esposa soluçava.

Após alguns minutos de espera, que me pareceram uma eternidade, ele levantou-se e começou andar de um lado para o outro da varanda, a sua voz estava embargada pelas lágrimas.

— Eu nunca poderia imaginar que tivesse deixado uma filha aqui no Brasil — dizia ele. — O irmão gêmeo dela morreu aos sete anos de idade.

Meu pobre filho foi tomado por uma febre misteriosa, não houve remédio que o curasse. Numa semana vi o meu filho morrer, até hoje não aceito e não acredito na sua morte, jamais imaginei que ele tivesse uma irmã gêmea, que eu tivesse uma filha... Se fosse alguns anos atrás, certamente não estaria andando nesta varanda conversando, mas hoje, eu já consigo ver o mundo de uma outra forma. Só me dói ter ficado tanto tempo longe de minha filha, sem saber de sua existência. Conheci a minha filha e, no entanto, não pude chamá-la de filha. Miguel, eu te perdôo, e quero que você me perdoe. Você salvou a vida dos meus filhos e da minha esposa. Naquele dia, se você fosse um monstro, poderia ter matado Lucien, e nós jamais ficaríamos sabendo de sua existência. No entanto, você arriscou a sua vida por ela, demonstrando que tem uma alma pura e limpa. Desta vez, arriscou novamente a sua vida para ajudá-la. Sabe, Miguel, o homem só é cego até o dia em que ele enxerga a verdadeira luz da vida. Cometi tantos desatinos com as almas dos inocentes e comigo mesmo. Hoje, tento encontrar em Deus um pouco da paz para a minha vida, tento me regenerar das barbaridades cometidas com os seus filhos.

— Aquele senhor que você conheceu, Miguel, está tentando olhar um pouco mais para dentro de si mesmo. Vim até aqui com os seus senhores para preparar a minha filha para a grande revelação, e também para te agradecer por ter salvo a vida dela. Quero que esteja presente em nossa vida, quero que ela entenda que você não destruiu a vida dela, mas a livrou da morte. Sossega o seu coração, a minha esposa não é irmã dos seus senhores, portanto Lucien e o esposo estão unidos pela bênção de Deus, são legitimamente marido e mulher.

O meu senhor me ouvia de cabeça baixa, sem intervir na conversa. Assim que o senhor terminou de falar, o senhorzinho acrescentou:

— Vai, Miguel, para o seu barracão, cuide da sua saúde, alimente-se bem, vá atrás das suas ervas, vá limpar e zelar pelo cemitério dos negros. Ah! Avise o seu povo que, de hoje em diante, estão autorizados a receber os seus orixás no terreiro da casa grande, nas mesmas condições de antes.

Me levantei, obedecendo às ordens do meu senhor, e pensei estar sonhando. Ainda não acreditando no que acabara de ouvir, me perguntava: "O que aconteceu com o meu antigo senhor?"

Ao regressar ao barracão, Ritinha e Nalva me esperavam. Ritinha, com um olhar aflito, esperava que eu falasse alguma coisa.

Eu dei as boas novas para ela e Nalva, que estavam de olhos arregalados, sem acreditar no que ouviam. Esperavam tudo do antigo senhor, menos bondade em sua alma.

Pedi às duas que comunicassem aos demais o prêmio que estávamos recebendo do senhor. A volta do nosso culto em plena liberdade. Saí andando feito criança, me sentia leve e em paz.

A lua começava a aparecer no céu, iluminando a paisagem. Fui até a minha antiga amiga e conselheira: a palmeira. Sentei-me e fiquei ouvindo os grilos cantarem, a brisa da noite balançava as folhas da árvore fazendo-a cantar.

Revia toda trajetória da minha vida, a minha infância, a minha aldeia, a separação do meu pai naquele mercado onde fomos vendidos, a bondade dos meus benfeitores naquele dia. Elevei o meu pensamento a Deus ao lembrar-me dele, aquele senhor de fato foi um anjo de Deus em terra.

Não segurei as lágrimas ao lembrar da minha amada avó Joana, ela foi tudo na minha vida, ela foi a prova maior da existência e da bondade de Deus para conosco. Revivia os momentos felizes da minha vida — foram muitos! — e lembrei-me do reencontro com meu pai.

Eu tinha tantos filhos na fazenda do meu senhor, filhos que aprendi a amar, os filhos que não estavam na minha programação de vida. Os filhos gerados com medo, filhos gerados para a escravidão...

Lembrava-me dos meses que passei na fazenda do senhor que adotou Lucien, nas noites que eu não conseguia dormir com dores nas pernas e ficava olhando para o teto coberto de palhas e tentando me lembrar dos rostos dos meus filhos. Eu tive 53 filhos, nove deles morreram ainda bebês, os demais estavam vivos, muitos deles tinham dias ou pouco meses de diferença de um para o outro.

Fiquei sentado ali no chão não sei por quanto tempo, sei que já era muito tarde. Assustei-me quando uma mão tocou-me no ombro. Virei-me e deparei com o meu antigo senhor.

— Eu também estou sem sono, Miguel, posso sentar-me ao seu lado?

Acho que balancei a cabeça, pois me faltou a fala. Ele sentou-se ao meu lado e começou a falar:

— É a primeira vez que observo como este lugar é bonito. Às vezes, passamos pela vida e não nos apercebemos dela. Aqui eu tive tudo para ser feliz e, no entanto, estava muito cego e distante de Deus para compreender certas coisas. Quando deixei o Brasil, me instalei numa fazenda lá França, que é a minha terra natal. Lá, dobrei a quantidade de bebidas ingeridas, joguei tudo o que tinha fora no jogo e nas farras. Perdi tudo, não passamos fome porque a sua antiga sinhá, que é minha irmã, ou melhor, um anjo que Deus colocou nos nossos caminhos, amparou a minha família.

— Quando o meu filho morreu, pensei ter enlouquecido, comecei a ver coisas à minha volta, pessoas que me amavam, pessoas que me odiavam. Muitas e muitas vezes, quando eu estava caído na minha bebedeira, uma moça com rosto de anjo me aparecia, me ajudava, limpava o meu corpo, colocava água em minha boca. Esse anjo me falava tantas coisas bonitas, me dizia que o meu filho não morrera, e que eu é que estava me matando, que estava perdendo a grande oportunidade de ser feliz ao lado das pessoas que me amavam. Aos poucos, fui me afastando da bebida e das más companhias; já não podia mais viver sem os conselhos daquele anjo que me ajudou a voltar para casa e a reaver a minha família. Muito tempo depois, esse anjo me disse que eu estava pronto para perdoar, pois já havia me perdoado quando encontrei o meu verdadeiro "eu", que era o meu equilíbrio espiritual e emocional. Hoje, Miguel, eu sou capaz de compreender os seus sentimentos e vê-lo como você verdadeiramente é: um filho de Deus, o meu irmão que nasceu com uma cor diferente da minha, apenas isso. Foi uma grande surpresa para nós a visita dos seus senhores, a inquietude do meu genro em pensar ser tio da minha filha. Graças a Deus que tudo foi esclarecido, a minha sogra antes de falecer revelou o nome verdadeiro do pai de minha mulher. Foi até um grande choque para nós, pois se tratava de uma pessoa pública muito importante. Ela nos deixou uma considerável herança, estamos financeiramente muito bem, graças a essa fortuna.

— Eu estou te falando isso porque tenho uma proposta a lhe fazer. Vou negociar com o meu amigo, e agora parente: falo do seu senhor. Vou pagar a sua carta de alforria, quero oferecer a você o que de direito você merece: a liberdade!

— Estou lhe convidando para nos acompanhar até a França. Com certeza, Lucien vai ficar muito feliz ao saber o que você foi e fez por ela. O meu genro está envergonhado de tratá-lo tão estupidamente, mas com certeza todos nós vamos tentar reparar um pouco a nossa falta para com você.

— Vamos contar para ela toda a verdade, e já acertamos com o meu genro que os dois passarão pelo menos um ano conosco. É o mínimo que um pai e uma mãe, depois de tanto tempo sem ter a sua filha, desejam: um pouquinho da presença dela. Ela tem um irmão, meu filho mais velho, ele ficou tocando os nossos negócios, mas ansioso em conhecer a irmã.

— E sabe por que que eu desejo que você vá conosco, Miguel? Ouça o que tenho para lhe dizer: vou fazer o possível para levá-lo até a sua terra. Da França para Portugal são dois pulos, se comparando com distância até o Brasil. De Portugal até Angola é outro pulo. Para compensar todo o seu sofrimento, e por você ter salvo a minha filha, eu quero levá-lo para reencontrar a sua gente. Sei que não vai ser fácil, mas nós vamos procurar a sua terra, e você poderá reencontrar seus irmãos e a sua própria identidade.

Suspirei profundamente antes de responder.

— Senhor, por Jesus Cristo, Nosso Senhor, por todos os anjos que nos iluminam os passos, eu lhe agradeço do fundo do meu coração toda a sua bondade. Sinceramente, voltei hoje da fazenda do pai da sinhazinha Lucien — perdão, senhor pai dela é o senhor — imaginando que a minha sentença já estava definida e, ao lhe ver, não tive dúvida que era o fim da minha vida. No entanto, o senhor está aqui, me oferecendo o mundo da liberdade. Não será um sonho, tudo isso?

— Não, Miguel, isso chama-se a mão de Deus. Amanhã mesmo vamos conversar com Lucien, contar-lhe toda a verdade. Gostaria que você amparasse a minha filha, pois tenho certeza de que ela vai correr para os seus braços.

Ficamos conversando até altas horas, os feitores passaram e nos viram juntos, mas não interferiram em nada, eles não estavam entendo nada! O que acontecia debaixo daquela palmeira só Deus podia ouvir e compreender.

De repente, eu já não me via diante do meu algoz, me sentia ao lado de um ente muito querido, já não havia rancor entre nós, apertamos nossas mãos, dando boa-noite e até amanhã, esquecidos que éramos escravo e senhor.

Deitei-me e fiquei parado no tempo, parecia um sonho que eu estava vivendo. Imaginei-me viajando novamente de navio, mas dessa vez sem o meu pai, sem Ritinha e sem os outros.

Dessa vez não como um prisioneiro, não iria no porão do navio, mas seria um passageiro — foi o que disse o meu senhor. Imaginei-me pisando novamente em minha terra... Será que os meus irmãos ainda estavam por lá? Será que a minha mãe estava viva? Algo me dizia que não... Será que eu teria coragem de retornar? O que faria por lá agora? Nada mais me restava, a minha vida se resumia à fazenda do senhor. O ser humano guarda por muito tempo lembranças e sofre com elas; eu sonhava em voltar, mas temia o que encontraria.

Será que eu queria ser livre? O que faria com a minha liberdade? Não tinha nada. Teria coragem de obter a minha liberdade deixando os meus filhos escravizados? Tudo isso me martirizava.

Não conseguia fechar os olhos, os primeiros raios de luz entravam no barracão, os galos cantavam, anunciando a chegada de mais um dia.

Me levantei devagar, as costas me doíam um pouco devido à minha magreza. Abri a porta do barracão, os primeiros raios do dia enfeitavam o horizonte.

Com o coração batendo forte, me dirigi ao cemitério, o meu sentimento naquele momento era como se a minha avó Joana estivesse viva e me esperando. Aumentei os passos, queria chegar logo, empurrei a pequena porteira feita de madeira, entrei abraçando o ipê branco, que estava todo florido. A cova da minha avó estava coberta de flores brancas, me abaixei e beijei o chão.

Gritei:

— Avó Joana, eu estou aqui! Sou eu mesmo, minha vovó. Estou magro e adoentado, mas vou ficar bom logo, logo, a senhora vai ver! Quanta saudade da senhora, minha avó amada.

Saindo fora de mim mesmo, como num transe, revia a doçura com que ela cuidou de mim. Foi a minha mãe, sim, ela foi a minha mãe... Foi a minha avó... Foi tudo o que de melhor eu tive na vida!

— Eu preciso dos seus conselhos, venha me ajudar... O que faço, vovó? A senhora sabe o que o senhor me prometeu? Liberdade!

Fui até a cova do meu pai e chorei.

— Pai, o senhor está me ouvindo? Ouça o que tenho para lhe contar: o mesmo senhor que me obrigou a fazer filhos para a escravidão me oferece a liberdade. Se você estivesse aqui, eu pediria a ele que fosse o senhor no meu lugar. O que faço, pai?

Voltei e me sentei, encostado no troco do Ipê. Fui me envolvendo pelo cheiro das flores e das ervas que exalavam o seu perfume misturado ao sereno da manhã.

Senti um sono, uma brisa morna passava por mim. De olhos fechados pude ver uma moça de branco, o seu cheiro era o mesmo, ervas e flores....

— Miguel, filho querido! Como Deus é maravilhoso — disse-me ela. — Do fundo do seu coração perdoe o seu senhor, perdoe, meu filho, aquele que lhe acolheu nesses últimos dias. Sem saber, meu filho, ele ajudou você a caminhar um pouco mais adiante. Meu filho querido, hoje mesmo o seu coração lhe dirá se deve ou não partir. Lembre-se, meu filho, da história dos cocos de dendê. Onde o Pai precisar de você, meu amado, não negue a sua presença. Não esqueça que estarei sempre ao seu lado. Mesmo quando você não percebe, eu estou ao seu lado, acompanho os seus passos.

Senti uma onda de calor me tocando, me senti leve, feliz e em paz; as minhas lágrimas eram de felicidade e, meio dormindo e meio acordado, sentia as suas mãos tocando o meu rosto, sentia o seu perfume no ar.

Capítulo XVI

A GRANDE VIAGEM

Eram mais ou menos onze horas da manhã, e eu estava olhando os arreios dos animais quando vi Lucien passar correndo em direção à senzala.

Larguei os arreios e corri atrás dela. Ao me ver, ela levantava os braços e gritava:

— Conte-me a verdade, Miguel! Me falaram uma história que eu não posso acreditar! Que os meus pais são aqueles dois senhores que estão lá dentro? Você fez isso comigo, Miguel? Diga que não é verdade!

Sentei Lucien num banco, Nalva já estava com uma água adoçada na mão, tentando fazer com que Lucien bebesse.

— Sinhá, acalme-se e ouça-me...

Ritinha também se aproximou, a vontade de todos nós era de abraçá-la, mas temíamos fazer isso; ela era nossa sinhá.

— Conte-me, Miguel, toda a verdade — pediu Lucien.

Ela já estava mais calma, então contei toda a sua vida de criança até a saída da fazenda. Falei da minha dor ao ter de deixá-la longe de nós. Da minha alegria ao reencontrá-la. Da nossa felicidade em tê-la de volta entre nós. E da minha decisão em revelar toda a verdade sobre o seu nascimento.

Então, silenciei, pois estava muito emocionado. Ritinha lhe falava de como ela era engraçadinha quando bebê, do carinho que todos tínhamos por ela e da nossa dor quando ela foi embora.

Aos poucos ela foi se acalmando...

— Então é por isso que eu gosto tanto desse lugar, eu já morei na senzala. Tenho um sentimento de felicidade quando estou com vocês. — Levantou-se e me deu um abraço apertado. — Miguel, você foi o meu primeiro pai, ninguém colhe goiabas como as suas. Meu pai tem razão, você salvou a minha vida, obrigada por tudo. Desde o primeiro dia em que te vi, algo dentro de mim me dizia que eu conhecia você de algum lugar. Eu amo os pais que me criaram, eles foram os melhores pais do mundo, mas agora que conheço toda a verdade, preciso aprender a amar os meus verdadeiros pais; tenho um irmão e quero conhecê-lo. Os meus pais nos convidaram, a mim e ao meu marido, para irmos passar um ano na França, e o convite se estende a você também. Eu gostaria muito que você viesse. Meu pai está negociando a sua carta de alforria! Ele quer te levar, e eu só vou se você for.

Sentou-se junto de mim e começou a fazer planos.

— Nós vamos até a sua terra, se você encontrar os seus parentes, fica por lá uns meses, e, na volta, a gente te pega. Que tal? Lá você não vai ficar! De jeito nenhum! Tia Nalva e tia Rita, nem se preocupem, porque ele volta conosco, só vai dar um passeio.

A paz voltou a reinar na fazenda, eu fui me recuperando aos poucos, o meu antigo senhor me entregou uma carta de alforria dizendo-me:

— Você não é mais um escravo, é meu protegido. Vá cuidar da sua saúde, comer bem e descansar bastante, porque a viagem é longa. Mas fique tranqüilo, que é muito confortável.

Após um mês e meio, os senhores estavam se preparando para partir. Ritinha chorava só de pensar que eu colocaria os pés novamente em nossa terra. Ela me pedia:

— Traga um pouco de terra, algumas folhas, tudo o que me fizer lembrar o cheiro da nossa terra. Procure falar de mim, quem sabe você encontra os meus parentes por lá.

Chegou a dia da partida, o feitor, senhor Ernesto, tocou no meu ombro e me disse:

— Miguel, a coisa mais justa que o senhor fez aqui foi lhe conceder essa carta de alforria. Eu desejo, sinceramente, que você encontre os seus familiares. Graças a Deus o comércio de escravos por navios negreiros está proibido. E olha, Miguel, eu acredito que nós nem venhamos a alcançar este tempo, mas chegará o dia que não haverá mais escravos por aqui. Alguém tem de mudar essas leis e, um dia, os brancos e os negros terão os mesmos direitos. Quem sabe os nossos netos, bisnetos ou tataranetos? Tenho fé de que um dia tudo isso vai acabar. Seja muito feliz, lhe desejo de coração.

O senhor me arrumou um pequeno baú, com roupas de homem livre, pois os escravos libertos usavam roupas diferentes das dos brancos e também das dos escravos. Me despedi dos meus filhos e de suas mães. Daria tudo para ver meus filhos tão livres quanto eu.

Após a longa caminhada na carruagem dos senhores, desembarcamos numa hospedaria; o senhor recomendou ao atendente da casa que me colocasse num quarto com banho e toda regalia de um homem livre, apresentou ao mesmo a minha carta de alforria.

Eu nunca estive num lugar daqueles, o rapaz precisou me ensinar como funcionava cada coisa, pois eu não tinha conhecimento. Foi a primeira vez que tomei banho dentro de uma banheira.

No jantar, o senhor me colocou sentado à mesa próximo dele. Eu insistia com o senhor que queria comer lá dentro, mas ele me disse:

— De hoje em diante, você vai ter de ir se acostumando com uma porção de coisas novas. Não se esqueça de que agora você é um homem livre.

Começou a me ensinar a conhecer dinheiro e o seu valor, e eu aprendia rapidamente. Lucien estava feliz da vida com o marido, ele fazia de tudo para me agradar.

No outro dia chegamos ao porto, entramos nos barcos que nos levariam ao navio, avistei o monstro que se balançava nas águas azuis do mar.

Estremeci ao me lembrar da primeira vez que vi o mar e dos dias sem fim que passamos dentro do navio negreiro. Quanto sofrimento, quanta dor, a doença e a morte todos os dias estavam presentes entre nós. Meninas sendo estupradas, homens amarrados, tratados como animais.

Agora eu estava novamente entrando num navio, que possivelmente me levaria de volta à minha terra. Lembrei-me do sonho no qual eu estava com meu pai em nossa aldeia, comecei a tremer e a sentir calafrios. O senhor, batendo em minhas costas, disse-me:

— Acalme-se, Miguel, desta vez a sua viagem será bem diferente.

Desde o primeiro instante que entramos no navio, vi que tudo ali era um luxo só. Fiquei num quarto com dois rapazes negros libertos, eles também acompanhavam os seus senhores em suas excursões, pois todos os negros libertos, daquela época, continuavam servindo os seus senhores, por livre escolha. Não havia outra alternativa, não tínhamos recursos, não poderíamos sobreviver sem os senhores. Os homens se assemelham aos pássaros: livres, voam longe; presos, perdem a direção de suas próprias vidas. Dependem dos outros para tudo.

No quarto haviam camas, garrafas com água, muito luxo. Logo me entrosei com os rapazes, todos iam rumo à França. Cada um contava a sua história de vida. Eles nasceram no Brasil, eu era o único que tinha recordações da minha terra, da minha gente. Eles contavam as histórias de suas mães, falavam dos seus pais. Estes eram sempre apontados pela mãe, quando se tratava de algum reprodutor da fazenda. Havia muitos negros que eram filhos dos senhores ou dos feitores; aí, a mãe evitava falar a verdade para o filho ou acabaria por gerar mais revolta no pobre infeliz.

Os rapazes continuavam eufóricos, contando as suas façanhas e fazendo planos para o futuro. Suas mães continuavam cativas, eles receberam a carta de alforria por bom comportamento com a aprovação delas. Mãe é mãe em qualquer tempo e em qualquer lugar, mãe sempre dá a vida pelos filhos, e muitas mães cediam aos filhos a liberdade a elas concedida.

Foram muitos os casos de filhos de muitas negras que ganharam a liberdade, deixando irmãos, mãe e pai no cativeiro. O meu caso, por exemplo: eu ganhei uma carta de alforria que me concedia liberdade, mas meus filhos continuaram todos cativos.

Eu não sei dizer qual seria o maior sofrimento, se era continuar cativo ou deixar os meus entes amados escravizados.

A maioria dos negros que recebia liberdade dificilmente usufruía dela, pois não tínhamos condições de sobreviver por conta própria. Vi muitos irmãos negros pulando de alegria por ter ganhado a liberdade e, depois, não duravam dois meses vivos.

Ao sentir o gosto da liberdade, metiam-se em querer beber e provocar algum feitor, ou até mesmo algum senhor de engenho; aí o resultado era um só: a morte.

Sei que existem levantamentos dos negros que receberam a sua carta de alforria, mas, por outro lado, também sei que não existe um levantamento mostrando quanto tempo eles ficaram vivos para usufruir "essa tão sonhada liberdade".

Os rapazes falavam, eu apenas ouvia; um deles me chamou atenção:

— Ei! Você não fala nada? Conte para gente como ganhou a sua liberdade e o que vai fazer daqui pra frente?

Naquele momento, eu já me perguntava: "O que estou fazendo aqui, meu Deus? Não estou cometendo outro crime, aceitando esse luxo todo enquanto deixei o meu sangue correndo nos corpos de tantos filhos cativos?"

Olhando para o jovem e pensando nos meus filhos, respondi:

— O que vou fazer com essa minha liberdade, eu não sei. Para lhe falar a verdade, busco mesmo é a liberdade da minha consciência. Perdi minha identidade logo cedo, recebi essa chance de reavê-la, mas, no fundo, já estou arrependido de ter me afastado dos meus filhos e amigos de sorte.

Continuamos a conversar até altas horas da noite, na verdade, nenhum de nós tinha sono, cada qual levava um peso na consciência: do que me vale estar livre se aqueles que amo continuam lá?

No outro dia cedo corremos a ajudar os nossos senhores em suas necessidades. O meu antigo senhor me chamou num canto e disse-me:

— Acho que descobri onde fica a sua terra! Conversando com um magnata especialista em navios negreiros, obtive muitas informações importantes que podem nos levar até lá. Assim que chegarmos à França, deixo a minha família e sigo com você até Portugal. Em Lisboa, vou procurar ajuda com alguns amigos que tenho por lá. Vou tentar chegar até Angola com você. Pelos dados que tenho em mãos, não será difícil chegarmos até a sua aldeia. Rezo para que você encontre a sua família. Em tudo o que for possível fazer, não pouparei esforços para te ajudar. E nem assim estarei pagando um terço das minhas dívidas para com você, Miguel. Quero lhe confessar algo: tenho alguns amigos influentes em Portugal, hoje eu faço parte de um movimento sigiloso, onde há planos de implantarmos uma revolução geral, envolvendo a França, Portugal e membros da nova terra, que é o Brasil. Sabe, Miguel, apesar de todos os conflitos que vivemos na atualidade, estamos começando a enxergar que o homem não tem o direito de aprisionar outro homem simplesmente pela cor de sua pele. Vamos nos encontrar em Portugal com esses amigos, e por intermédio deles, chegaremos até a sua terra. Confie em Deus e junte-se a nós nesta causa tão nobre. Você poderá lutar e ajudar e salvar os seus filhos do cativeiro brasileiro. Indo para Angola e retornando como cidadão angolano, você poderá usufruir da Nova Lei que dá direito aos pais de outros países a retirar os filhos do cativeiro brasileiro. Arrumaremos um bom advogado, que entrará com um pedido de resgate dos seus filhos. Não se preocupe, pagarei à coroa a quantia que cada um dos seus filhos for avaliado e vamos trazê-los com você. Reze, reze muito para os seus orixás, e que eles nos iluminem até onde desejamos chegar.

Fiquei estarrecido, as minhas pernas tremiam, naquela ocasião eu não podia entender o que me falava o senhor.

Apesar de todo conforto a bordo, os dias me pareceram intermináveis. Me sentia cansado, deprimido e sem vontade de recomeçar uma outra vida.

Sonhei a vida inteira com aquela oportunidade, e agora que ela se aproximava de mim percebi que não a queria tanto assim.

A minha vida mudou, os meus valores mudaram, descobri naquele navio luxuoso que o passado, bom ou ruim, fica para trás. Descobri que o presente transforma, empurra o homem para frente, não tem como retornar.

Olhava para a imensidão das águas do oceano e me lembrava da minha primeira viagem sobre as ondas do mar. De repente, a saudade do meu pai veio forte. Daria tudo, passaria por tudo novamente só para tê-lo ao meu lado.

Do menino do navio negreiro, de Luís Fernando, nada mais restava, a não ser a saudade das pessoas amadas que a gente guarda no coração. Ali estava um homem que precisava aceitar a si mesmo, antes de mais nada. Luís Fernando foi enterrado dentro de mim; realmente eu era Miguel, pai dos meus filhos brasileiros.

E assim prosseguia o nosso roteiro, todos os dias o senhor me contava uma nova descoberta. Naquele navio tinha muitas pessoas importantes, foi o que me falou o senhor.

Antes de desembarcarmos, passamos por uma inspeção rigorosa, os brancos passavam tranqüilos, os negros eram revistados — por precaução, era o que se falava.

Tudo isso era aceito com naturalidade pelos negros, e sei que até os dias de hoje continua assim. Os negros são os primeiros suspeitos quando se trata de malfeitos em alguns locais dentro da sociedade. O que o homem precisa aprender é que brancos e negros são capazes de fazer tanto coisas boas quanto más. O cérebro do negro não é preto, e nem do branco é branco.

Observei que Lucien estava séria e não brincava mais comigo. Criando coragem, perguntei-lhe:

— A minha sinhá está zangada comigo?

Ela me respondeu:

— Zangada, não, estou preocupada. Sei que você vai ao encontro da sua terra, temo que nunca mais você queira voltar para o Brasil. Agora que conheci a minha família, vejo o quanto perdi longe deles. Posso imaginar o que você sente, e agora, tendo essa oportunidade, é um direito seu nunca mais querer voltar para o lugar onde foi escravizado.

Emocionado, respondi a Lucien:

— No Brasil eu sofri muito, mas sendo justo e sincero comigo mesmo, a minha felicidade foi bem maior que todo o meu sofrimento. Conheci tantas pessoas bondosas, recebi tanto amor... eu seria um ingrato se lhe dizesse que só conheci o infortúnio. Quanto a voltar para o Brasil, eu retornaria hoje, agora. Os meus filhos estão lá, sinhá, a minha vida ficou lá.

À noite, naquele mesmo dia, os meus senhores me chamaram a uma sala fechada. O meu antigo senhor então disse-me:

— Miguel, arrume todas as suas coisas, amanhã partiremos para

Portugal. Contatei os meus amigos portugueses, está tudo certo para o nosso embarque.

O meu senhorzinho recomendou-me que fosse sem medo, pois o seu sogro cuidaria de tudo o que fosse necessário para me levar e me trazer de volta. Disse que ele e Lucien não voltariam ao Brasil sem mim.

No outro dia logo cedo estávamos nos despedindo da família. O irmão de Lucien estendeu-me um casaco elegante, dizendo-me:

— Leve com você, pode esfriar e esse casaco dá conta de muito frio.

Fiquei com receio de pegar, mas ele, rindo, disse-me:

— O casaco é seu, pegue.

Vi lágrimas nos olhos de Lucien, ela olhava para o pai e para mim. Antes que cruzássemos a porta de saída, ela correu e se atirou em meus braços, soluçando e falando:

— Miguel, me perdoe se fui rude com você, no fundo da minha alma as melhores lembranças da minha infância estão ligadas a você. Por favor, me perdoe e volte para mim.

Não encontrei palavras, toquei o seu rosto como nos tempos em que ela era um bebê. Senti um aperto na minha garganta, e, segurando as lágrimas, acompanhei o senhor sem falar nada.

Embarcamos num navio pequeno que eles chamavam de vapor; havia muitos homens brancos, todos simpáticos e me tratavam com delicadeza. O sol baixava no céu quando o senhor me disse:

— Estamos chegando a Portugal. Vamos descansar hoje, mas amanhã logo cedo estaremos cruzando o outro lado do mar, rumo à sua terra.

Alguns homens já estavam esperando por nós, nos levaram até uma casa onde ficamos acomodados. Eu não saí do meu abrigo aquela noite, mas sei que meu senhor se reuniria com outros homens para tratar da tal revolução pela liberdade.

Quando o dia clareava, eu já estava em pé; cresci com esse relógio biológico dentro de mim. O meu senhor bateu à porta me chamando pelo nome, peguei o meu saco de viagem, o casaco que eu exibia com orgulho, e o segui.

A mulher da casa me ofereceu um copo cheio de leite e um pão caseiro, que comi com gosto. Os senhores que acompanhavam o meu senhor me trataram como se eu fosse um branco. Um deles, chamado senhor Silvério, bateu nas minhas costas e disse-me:

— Vamos lá, Miguel, se Deus quiser, muitas coisas vão mudar na sua vida e na vida de outros homens que estão na sua condição. Enquanto andávamos, ele falava:

— Se tudo correr conforme nós estamos planejando, eu vou ao Brasil em breve com alguns companheiros e vamos mudar a história daquele país. — Ele suspirou fundo e continuou falando — A nossa luta não vem sendo fácil, mas nós estamos confiantes. Acreditamos que, se não podemos mudar o mundo, pelo menos podemos mudar os pensamentos dos homens. O maior exemplo é o meu amigo aí — disse apontando para o meu antigo senhor.

Realmente, aquele homem era outra pessoa, bem diferente do senhor que conheci. Agia com simplicidade, já nem parecia um branco. Me fazia lembrar o meu primeiro bom senhor, que Deus o estivesse sustentando nos braços, eu pedia em pensamento. Ele e a sinhá sua esposa foram dois anjos em minha vida.

Enquanto o senhor Silvério falava, eu pensava: "Me falaram que a minha sinhá casou-se outra vez e teve filhos gêmeos. Ah! Se eu pudesse revê-la... será que ela morava naquela tal França?", me perguntava.

Chegamos a um local onde já estavam entrando algumas pessoas, num vapor azul e branco. Entramos e pude verificar que havia negros entre os brancos, sentados juntos; achei muito estranho.

O sol já atravessava o meio do céu quando chegamos a um local onde havia muitas palmeiras e uma praia com areia branca e fina.

Do outro lado da margem haviam umas carroças cobertas, atreladas a belos cavalos e alguns negros em volta delas. Um dos amigos do senhor foi lá conversar com um deles e me apontou; o negro, sorrindo, aproximou-se de mim e apertou a minha mão.

Nos dividimos nas duas carroças, eu fiquei ao lado do senhor Silvério. Seguimos por uma estrada de terra, a poeira cobria tudo. Chegando a um determinado ponto do caminho, pude perceber que, até onde os meus olhos podiam alcançar, era uma plantação da palmeira de dendê. Tentava puxar da memória alguma coisa naquele caminho que me lembrasse do dia da minha saída, infelizmente nada me lembrava a minha aldeia.

O sol já estava se pondo quando chegamos perto de um rio, andamos seguindo a sua margem por um bom tempo; alguns negros puxavam as suas canoas enquanto nos observavam, curiosos.

Chegamos num pequeno povoado. Eram várias casas pintadas de branco, outras de azul, e uma igrejinha no meio. O padre estava todo vestido de preto na porta da capela, algumas mulheres com lenços coloridos amarrados na cabeça, muitas crianças brincavam em volta de algumas palmeiras.

O meu senhor virou-se e disse-me:

— Miguel, pelo levantamento que fizemos sobre suas origens, este é o local onde você nasceu. Você guarda em suas lembranças como era a sua aldeia? Com o passar dos anos, as pessoas mudaram e o lugar também. Venha, vamos conversar com o senhor vigário, ele nos espera.

O padre nos recebeu abençoando-nos, e fomos conduzidos até uma pequena sala no fundo da igreja.

CAPÍTULO XVII

MINHA NOVA FAMÍLIA

Após os cumprimentos de praxe, o sacerdote pegou uma pasta de uma gaveta, entregando ao senhor Silvério e dizendo:

— Aqui estão todas as informações que pude obter neste caso.

Os senhores leram, e foi o meu senhor quem falou primeiro, olhando para mim:

— Miguel, com certeza você está em casa, esta é a sua terra.

No meu coração, eu dizia para mim mesmo, "todos estão enganados, esta não é a minha aldeia!"

O senhor Silvério me chamou à realidade me pedindo que prestasse bem atenção em tudo o que ele leria e que eu tentasse me lembrar de algumas coisas.

Começou lendo a história do meu rapto. Falou o nome dos meus pais, irmãos e de alguns parentes próximos que eu já nem me recordava.

Comentou que um dos negros que participou do nosso rapto ainda vivia e foi por intermédio dele que eles foram juntando informações até chegarem à minha origem. Falou o nome de alguns negros que trabalhavam no navio negreiro, contou detalhes de como eles eram, de como agiram conosco, alguns detalhes pessoais sobre o meu comportamento, tudo batia.

O sacerdote pediu ao menino que lhe ajudava na igreja que fosse chamar Luzia e todos os irmãos dela. Esse era o nome da minha irmã mais velha! O sacerdote acrescentou: que viessem todos até a igreja, era um assunto muito importante.

Dali a meia hora entrava três mulheres e dois homens, um deles eu de cara reconheci pela semelhança com meu pai. As mulheres não me lembravam ninguém. O padre então me apresentou para eles, dizendo-lhes:

— Graças ao trabalho desses filhos de Deus, acredito que vocês estão diante do vosso irmão, Luís Fernando.

Todos eles se acercaram de mim chorando, a minha irmã Luzia precisou sentar-se e tomar um copo de água com açúcar. Eu, ainda sem poder acreditar que eles eram os meus irmãos, lembrei-me que eu tinha três irmãos; não cinco!

Os meus cinco irmãos conversavam com os senhores e com o sacerdote, eu não entendia bem o que eles falavam. Por fim, o meu senhor, pondo o braço nos meus ombros, disse:

— Miguel, agora você vai ficar com a sua família, reatar os laços familiares que ficaram para trás. Vamos deixá-lo com sua família, mas o nosso amigo e colaborador nesta grande obra de Deus, que é a liberdade, vai ajudá-lo em tudo o que for preciso. Ele trará notícias nossas para você e levará notícias suas para nós. Não precisa ficar com medo, nós vamos estar em contato com você.

Criando coragem, falei ao senhor:

— Eu estou confuso e com medo de estar me enganando e enganando outras pessoas. Eu não tive cinco irmãos. Nós éramos três, e vejo que aqui tem cinco pessoas dizendo que são meus irmãos! O senhor, então, disse-me:

— Miguel, você está no meio dos seus irmãos. Você vai conhecer toda a história de sua família e entender o que aconteceu.

Luzia me abraçou e me perguntou se eu ainda gostava de "xerém" (milho branco socado no pilão, cozido com leite de vaca e sal). Antes que eu pudesse responder, ela acrescentou à sua pergunta: "... E as sementes do dendê que você deixou plantadas, hoje são a fonte de sobrevivência da nossa aldeia. Você é muito conhecido entre o nosso povo, exatamente por ter nos deixado essa herança".

Fiquei emocionado e começei a enxergar alguns traços de minha mãe no rosto dela. Começei a chorar e perguntei, entre soluços:

— Onde está a nossa mãe?

— Nossa mãe está com Zambi (Deus) faz mais de 25 anos. Ela jamais te esqueceu, morreu sonhando com este momento que nós estamos vivendo agora. Queria vê-lo, queria saber notícias suas. Nós sabíamos que você vivia, os nossos mestres confirmavam a sua presença ligada à família, mas não tínhamos esperança de reencontrá-lo. Luis, nós temos muitas coisas para conversar. A nossa mãe, mesmo com todo sofrimento em seu coração, se uniu a outro bom homem, exatamente para nos defender. Ela teve nossos dois irmãos caçulas, Bento e Beatriz.

— Eles sorriam para mim com bondade, vi que Beatriz tinha o mesmo sorriso de minha mãe.

Os senhores despediram-se de mim. Senhor Silvério, um jovem magnífico, apertou minha mão, dizendo:

— Coragem, meu amigo, permaneça firme na luta. Vamos tentar fazer algo mais por você.

O meu senhor entregou uma bolsinha cheia de moedas ao sacerdote, recomendando:

— Aí tem o suficiente para Miguel recomeçar a sua vida. Compre-lhe um bom pedaço de terra, sementes, ferramentas e alguns animais, o resto ele sabe fazer melhor que ninguém.

O sacerdote, apertando a mão dele, respondeu:

— Fique tranqüilo, Frederico, farei o que me pede. Logo entraremos em contado com vocês.

O meu senhor disse-lhe:

— Qualquer novidade, você será informado.

Pela primeira vez vi lágrimas nos olhos de um branco fidalgo na hora da despedida de um negro. Ele ficou uns segundos me olhando, os olhos cheios de lágrimas, me puxou num abraço, e com palavras entrecortadas pela emoção, falou:

— Miguel, Deus te abençoe. Cuide-se bem, daqui a seis meses eu volto para te apanhar, mas antes disso nós vamos ter notícias um do outro.

Saiu sem olhar para trás. Eu fiquei parado sem saber o que pensar, senti um aperto no coração, tive a mesma sensação de abandono. Estava novamente sozinho, sem pai, sem mãe e sem amigos. Mas, enfim, se Deus me preparou aquele caminho, eu deveria ir até o fim. Após ouvir todas as recomendações do padre, saí da capela acompanhado por meus irmãos. Eles estavam alegres e, emocionados, me apresentavam para toda a comunidade, que me cercava por todos os lados.

Chegamos em frente a uma casa, uma senhora de cabelos brancos apoiada num cajado de madeira e amparada por uma mocinha, abria os braços para mim. Chorando, gritava:

— Meu filho, é você mesmo! Luis, meu filho. Ah! Orixás, a minha irmã precisava estar aqui nesta hora, a nossa felicidade é grande demais.

Eu continuava olhando aquele rosto marcado pelo tempo, tentava me lembrar de onde a conhecia. A minha irmã antecipou-se, dizendo:

— Luis, essa é a nossa tia Anita, irmã da nossa mãe. Não se lembra dela?

Como se despertasse de um sono de infância, reconheci nos traços de minha tia a imagem de minha mãe. Abracei-me a ela chorando. Sim, eu me recordava quando ela estourava pipocas com mel para as crianças. Lembrava-me de que ela e minha mãe estavam sempre juntas, cuidando das crianças.

Olhei para o seu rosto e não podia conter a emoção e a saudade da felicidade que conheci ao lado dela. Chegou o restante da família, sobrinhos, cunhados, primos, tios e o meu padrasto. Um senhor de cabelos brancos, barba cheia e branca como algodão. Com os olhos serenos e um sorriso bondoso, apertou a minha mão, dizendo-me:

— Luis, você não se lembra de mim, mas eu o conheço desde o dia em que nasceu. Ao lado de sua mãe, sonhávamos com este dia de hoje. Infelizmente, ela não está aqui para dividir conosco esta felicidade. Quero, meu filho, que você primeiro converse com os seus irmãos e toda a família para ficar sabendo de tudo o que aconteceu nesses anos de separação. A sua mãe sofreu demais, todos nós sofremos muito. Vamos ter muito tempo para conversar.

Eu olhava para ele e imaginava: "Se a minha mãe sonhou com este dia, como pôde ter esquecido meu pai?" Meu pobre pai, se ele tivesse voltado comigo, o que seria dele? Passei a minha vida inteira sonhando em voltar para casa e, ao retornar, encontro novos irmãos e um padrasto... Como se sentiria o meu pobre pai? Viveu toda sua vida no sofrimento do cativeiro e alimentava-se das saudades e das lembranças da esposa amada...

Não respondi nada ao meu padrasto, a minha cabeça rodava, estava cansado, exausto pela viagem e pelas emoções dos últimos tempos. Minha irmã notou a minha fadiga e pediu:

— Vamos deixar Luís descansar. Amanhã teremos todo o dia e depois todos os dias para ficar com ele.

Aquele nome me soava tão estranho: Luis... Eu não me sentia o mesmo, começava a sentir falta de ouvir alguém me chamando de Miguel!

Fui levado até o fundo da casa e pude respirar o ar puro e cheiroso que só aquela terra tem! As palmeiras de dendê se estendiam a perder de vista, me banhei e troquei de roupa, voltando para dentro de casa.

Na cozinha, minha irmã havia preparado uma cuia com leite de cabra, um prato cheio de mandioca frita na banha de porco, queijo assado na brasa e tapioca com coco. Rindo, ela me perguntou:

— Ainda gosta desta comida, Luis? Era a sua preferida quando garoto — acrescentou.

— Tantas coisas mudaram, Luzia, perdi tantas coisas boas nesta vida, mas conheci outras tantas coisas boas que já não posso dizer que a minha vida toda foi de sofrimento. Sonhei demais com este momento, nunca imaginei que um dia eu pudesse estar aqui novamente. Mas agora percebo que o tempo passou e tudo mudou, nós mudamos...

Enquanto eu comia ela me observava, de repente me abraçou em silêncio e choramos juntos. Havia tantas coisas a serem ditas um para o outro! Ela me levou até um quarto e me disse:

— Você vai ficar neste quarto, era do meu último filho, que se casou há pouco tempo. Você fica comigo, também estou só. Fiquei viúva e meus filhos estão todos casados, graças a Deus. Descanse um pouco, já esperamos tantos anos por este dia que nada nos custa esperar até amanhã para começarmos a falar de nossas aflições e alegrias.

Me deitei, e ela me cobriu como se eu ainda fosse aquele menino. Eu não podia esperar até o outro dia para saber como a nossa mãe pôde se casar novamente e ter filhos, sabendo que estávamos no cativeiro brasileiro.

— Luzia, eu não entendo como a nossa mãe pôde se casar novamente, sabendo da nossa infelicidade... — Luzia enxugou os olhos e disse-me:

— Luis, a notícia que nos chegou aqui foi de que nosso pai havia morrido antes de chegar ao destino, e que você foi entregue a uma família que lhe adotou. Até nos trouxeram alguns pertences do nosso pai, que foram entregues à nossa mãe. Depois você vai reconhecer a machadinha que ele deixou, as botas de couro e o chapéu. Tínhamos um traidor entre nós: Juvenal nos traiu, ele apontou o caminho da nossa aldeia para aqueles brancos. Depois que foi descoberto, ele desapareceu, nunca mais soubemos notícias dele. Somente há pouco tempo ficamos sabendo que você estava vivo e que o nosso pai faleceu no cativeiro ao seu lado. Ainda bem, Luis, que a nossa mãe não sofreu mais esse golpe. Ela jamais se esqueceu do nosso pai nem de você.

O tio Benedito casou-se com nossa mãe. Foi um pai para nós, amparou nossa mãe. Por isso eu lhe peço, Luis, olhe para esse negro velho e procure gostar dele. Ele fez por nós o que um pai teria feito. Sempre nos respeitou e amou nossa mãe verdadeiramente, até os últimos dias de sua vida. Eu nem sei lhe dizer, meu irmão, se não fosse o tio Benedito o que teria sido de nós. Nosso avô, com a partida de vocês, caiu de cama e nunca mais se levantou. Só saiu de casa para ir ao cemitério. Descanse, meu irmão, amanhã falaremos sobre isso.

Deitado, olhava para o teto, lembrava-me dos meus filhos, da Ritinha, de Nalva, tão amigas e tão irmãs! Sentia falta de tudo e de todos.

Pensava em Lucien e no senhorzinho seu marido, as lágrimas desciam do meu rosto, sentia um aperto no coração, a minha vontade era de sair correndo para a senzala. Ali estava a minha vida, ali estavam as pessoas mais queridas e necessárias da minha vida.

Sonhei tanto em retornar para casa e agora estava ali, me sentindo perdido como um pássaro que perde o seu rumo. Deitado na cama de palha quente, coberto com uma colcha de retalhos, eu começava a entender que os desígnios de Deus são bem diferentes dos nossos.

A ansiedade tomava conta de mim, mal tinha chegado e ansiava por voltar. Daria tudo naquele momento para retornar para o Brasil, para a senzala, para meus filhos e amigos.

Demorei a conciliar o sono, o silêncio da noite era quebrado pelo canto dos grilos. Fechei os olhos e pensei: "Eles cantam na mesma língua, falam a mesma coisa, tanto aqui quanto no Brasil".

E, assim, ouvindo o canto dos grilos e os latidos dos cachorros, que me pareciam tão iguais aos da casa grande, adormeci. Comecei a sonhar que estava no cemitério e via a minha avó Joana conversando com o meu pai. Corri até eles e gritei: "Graças a Deus que eu voltei! Veja só, vovó, o que eu estava sonhando: que viajei para a França e fui até Angola e, que havia encontrado meus irmãos, minha tia Anita e dois novos irmãos! Imagine que sonho louco!"

"Não, filho, você não sonhou, tudo isso é verdade", respondeu o meu pai olhando sério para mim. "Você está com os seus irmãos, está em nossa terra, e eu estou aqui para lhe pedir uma coisa: trate bem o senhor Benedito e ame os seus irmãos igualmente. Nós devemos muito ao senhor Benedito, ele fez o meu papel de pai para os seus irmãos, cuidou da mulher que nós amamos, sua mãe. Nós só temos de agradecer a ele. Agora é a sua vez de demonstrar a nossa gratidão a ele. Cuide bem dele, meu filho, aprenda a gostar dele".

Minha avó Joana me abraçou, dizendo: "Miguel, meu filho, lembra-se das sementes de dendê? Elas vingam e se multiplicam para novas vidas. Deus confia a cada um de nós muitas tarefas, meu filho. Procure cumprir bem as suas tarefas, conforme eu te ensinei: com paciência e humildade. Nunca queira saber mais que o seu Pai Criador, ele sabe o que é melhor para cada um dos seus filhos. Tenha obediência e respeito para com o seu Pai Criador."

Meu pai tornou a falar:

"Nós estamos do seu lado, filho, você não está sozinho, jamais sinta-se abandonado, pois nós estamos aqui, em Angola, do seu lado.

Você não está sonhando, nos procurou tão longe, filho, correndo para o Brasil em busca de alento, esquecendo-se que é só chamar por Deus e acreditar na força do amor. Durma, descanse, filho. Amanhã cedo você se sentirá melhor e mais seguro. Não se esqueça dos velhos ensinamentos dos nossos orixás: não fique sonhando com as estrelas no céu, enquanto os vaga-lumes lhe clareiam a passagem na Terra."

Engoli seco, me lembrando que a minha mãe casou-se com outro homem e meu pai me pedia para cuidar dele! Me revoltava saber que ele a amou tanto e que ela havia se casado com outro, esquecendo-se dele. Minha avó, me abraçando, pediu-me:

"Miguel, pare de julgar, meu filho, você esqueceu-se que eu também te amei e que foi esse amor que te ajudou a sobreviver? Ah! Miguel... não faça comparações, meu filho. Deus colocou Benedito na vida de sua mãe da mesma forma que me colocou em seu caminho, filho. Seja justo, não seja ingrato com aqueles que estenderam as mãos para os seus entes amados."

"Perdão, minha avó, às vezes sou egoísta e não percebo que isso fere as pessoas. Me perdoe, por favor, me ajude a cumprir esta nova missão; me sinto fraco e desprotegido."

Acordei com o canto de mulheres numa língua estranha. Abri os olhos devagar e me dei conta de onde estava. Me recordei do sonho, e percebi que nisso a minha aldeia em nada mudou: os homens levantavam-se cedo para as suas tarefas.

Ergui-me da cama, ajeitei as cobertas, calcei uma sandália de couro que havia ganhado do senhor Ernesto na minha saída, fui até a cozinha e senti o cheiro de lenha queimando. Luzia já tinha acendido o fogão, colocado batatas-doce para cozinhar; assim que me viu abriu um sorriso e disse-me:

— Levantei-me para olhar você dormindo, parecia sonhar. Mas por que acordou tão cedo? Devia ter descansado um pouco mais, Luis. Sente-se aí e espere que eu vou preparar algo bem gostoso para comermos.

Um garoto chegou com um pote de barro cheio de leite e disse:

— Meu pai encheu o pote e disse que o tio precisa comer bastante para ficar forte, pois está muito magro.

Veio até a mim, tomou a bênção e beijou a minha mão, os mesmos costumes do meu tempo, beijou também a mão da avó — era neto da minha irmã. Aquele garoto simpático e sorridente me fazia lembrar de mim mesmo quando alimentava os meus sonhos ao lado do meu pai.

Alisei os seus cabelos pensando em meus filhos. Como podia, Deus, no mesmo mundo, no mesmo tempo, existir crianças cativas, crianças que não tinham o direito de sonhar?

Após o nosso café, minha irmã convidou-me para irmos até o centro da vila. Toda a família aproveitaria aquele sábado para conversar comigo e, logo mais, à tarde, deveríamos ir até o templo dos nossos orixás receber uma bênção, ouvir os seus conselhos e fazer nossos agradecimentos.

Sentei-me embaixo de uma palmeira carregada de cocos de dendê e avistei os urubus sobrevoando as redondezas; comecei a sorrir lembrando dos meus sonhos e da inveja que sentia deles em poder voar, levar e trazer coisas.

Os meus irmãos sentaram-se próximos, e toda família foi se apresentando — era muita gente! Muitos amigos da minha infância estavam ali, envelhecidos como eu.

Fiquei sabendo que mais negros foram levados da nossa aldeia. Pelos nomes tentava me lembrar, mas as imagens me fugiam do pensamento.

Meus irmãos me falaram do trabalho do padre e da grande ajuda que ele dava para a nossa aldeia. Todos davam graças a Deus porque foi proibido o tráfico de negros, mesmo assim, de vez em quando se ouviam notícias de negros que desapareciam sem deixar pistas.

Na nossa aldeia nenhum homem se afastava sozinho, quando tinham de comprar ou vender mercadorias, o padre sempre acompanhava os homens, e por intermédio dele haviam muitos homens brancos trabalhando para trazer de volta os negros que foram raptados.

Nesses últimos anos, já haviam recolhido dez negros da nossa aldeia, eu e meu pai fomos os primeiros a ser levados — muitos negros da nossa comunidade desapareceram sem deixar rastros. Tempos depois foi descoberto um traidor entre o nosso povo.

Isso me fez lembrar as pregações do padre na capela da casa do senhor: "Jesus foi traído por um dos seus discípulos e toda comunidade, independentemente de raça ou cor, pode ter um traidor".

Em pouco tempo narrei toda a trajetória da minha vida, a separação com o nosso pai, a sorte que tive com o meu primeiro senhorzinho, a proteção da minha avó Joana. A desgraça que se abateu sobre nós com a morte do senhor e a partida da sinhá... enfim, contei-lhes tudo. Falei dos meus filhos, que eram tantos, da recente carta de alforria que recebi do meu senhor. Da minha chegada até ali e da minha intenção de retornar ao Brasil dali a seis meses.

Ao parar de falar, os meus irmãos choravam em silêncio. O meu irmão caçula, filho da minha mãe com o senhor Benedito, falou:

— Meu irmão, esta é sua casa, a sua família, você sofreu tanto... Por que deseja voltar ao sofrimento do cativeiro? Ver os seus filhos sofrendo, e você sem poder fazer nada? Fique conosco, vamos lutar para libertar os seus filhos do cativeiro e trazê-los para a nossa aldeia. Esses senhores que lhe trouxeram até aqui, estão preparando um grande trabalho para trazer de volta todos os filhos da África que estão escravizados em outros países. Não vai ser fácil, mas nós temos de ajudá-los.

Um amigo meu de infância, ouvindo a história de Ritinha, comentou:

— Eu tenho quase certeza de que essa menina era a filha do senhor Pedro e da dona Maria. Ela desapareceu no mesmo dia que você e, pelo que falou sobre a menina, é ela mesma. Pena que eles já se foram dessa vida, pois eu acho que ela era a fiha deles.

Senti uma alegria tão grande dentro de mim! Se fosse verdade, eu lutaria com todas as minhas forças para voltar ao Brasil e levar notícias para Ritinha sobre sua família.

Já passava do meio-dia quando Luzia pediu para encerrar a nossa reunião, deixando para outro dia o nosso novo encontro.

Ali, embaixo daquela palmeira, dei um abraço sincero no senhor Benedito, fiquei conhecendo toda a história dele com a minha mãe. Não somente ela, mas todos acreditavam que meu pai estivesse morto, o senhor Benedito fez para os meus irmãos a mesma coisa que a minha avó Joana havia feito por mim: os adotou. Cuidou da minha mãe e sempre respeitou a memória do meu pai.

Só agora eu percebi que ele tremia muito e arquejava ao falar, lembrei-me do pedido do meu pai: cuide dele. Prometi a mim mesmo, "cuidarei dele como meu pai me pediu".

Luzia me preparou um banho com muitas sementes e raízes. Ela me disse:

— Você voltou às suas raízes, é uma boa semente da terra, precisa apresentar-se aos orixás limpo e bem tratado.

O sol já estava baixando no horizonte quando nos encaminhamos para lá; entramos no enorme terreiro de terra batida, era igualzinho a como quando o deixei. Meus olhos viram e as minhas lembranças voltaram. Logo mais, com muita emoção, vi os guias se manifestando em seus médiuns de uma forma singela, clara e pura. Fui agraciado por todos eles, que me ofertavam flores, ervas, frutas e vinho, esqueci-me por completo do sofrimento e dos temores do porvir.

Por ouvir tanto tempo o francês e o português com sotaques diversos, eu entendia mais as línguas estrangeiras que o meu próprio dialeto. Tive algumas dificuldades nos primeiros tempos em entender todas as palavras, mas aos poucos fui me acostumando; naquele primeiro dia de trabalho com os deuses confesso que pouco entendi as suas palavras.Naquele dia dormi cedo, estava completamente relaxado, o corpo pedia cama.

Acordei no outro dia mais calmo e esperançoso, começava a me integrar novamente ao meu povo. O meu coração estava no Brasil, eu tinha uma idéia fixa: voltar! Enquanto tomava minha cuia de leite de cabra, já estava pronto para ir assistir à missa. Todos os negros da nossa comunidade participavam da missa aos domingos, o padre não proibia o nosso culto, mas pedia a presença de todos na igreja.

Enquanto eu relembrava do padre que celebrava a missa na capela da casa grande do meu senhor brasileiro, um dos netos da minha irmã entrou correndo na cozinha falando:

— Tio, o padre pediu que o senhor vá conversar com ele depois da missa. É muito importante. — Assenti com a cabeça, agradecendo ao garoto e lhe oferecendo um pedaço de queijo de cabra, que ele rindo aceitou. Bem sei que fez isso mais para me agradar, não que estivesse com fome.

Eu e minha irmã nos dirigimos à igreja um ao lado do outro, ela era só sorrisos; fui recebido por todos com muito carinho e respeito. Todos me cumprimentavam, as crianças me tomavam bênção, as moças me olhavam admiradas e os rapazes me tratavam com muita atenção.

No decorrer da cerimônia, eu fechei os olhos e tentei acompanhar as palavras proferidas pelo padre. Sem poder controlar a minha emoção, senti que as lágrimas banhavam meu rosto. As lembranças me machucavam. Me perguntava: "Será que meus filhos estão bem? Será que eles um dia vão me perdoar por ter aceitado a minha liberdade, deixando-os no cativeiro?"

Implorava a Deus por misericórdia, me sentia culpado de estar ali em liberdade deixando para trás meus filhos e amigos. A minha vontade era de retornar o mais rápido possível.

Sonhei tanto em retornar à minha terra e reencontrar a minha família, agora estava ali, saudoso, angustiado e ansioso... Tudo havia mudado, os meus sonhos de menino não eram reais. O homem que sonhou tanto em retornar ao seu passado deparou-se com uma realidade bem diferente.

Baixinho, implorava aos nossos orixás que me ajudassem, que esses seis meses passassem rápido. Pensava em meu pai, na avó Joana e, com um aperto no coração, lembrava-me da minha mãe. Olhando para os rostos familiares, eu formava uma idéia de seu rosto, imaginava o eco de sua voz.

O padre estava dando as bênçãos finais, eu já havia tomado uma decisão: conheceria a cova da minha mãe naquele mesmo dia, assim que falasse com o padre; pediria aos meus irmãos que me levassem até o cemitério, queria tocar a terra onde estavam minha mãe e meu avô.

O pessoal começou a sair se cumprimentando e despedindo, alguns membros da comunidade se agrupavam num canto; eu fui convidado a ficar entre eles. Me senti um tanto confortado, pois os meus irmãos estavam ali.

O padre fechou a porta principal da capela, só então fomos para a sala dos fundos da igreja. Logo mais, chegou o padre sem a batina preta, vestido como um homem comum e, sentando-se entre nós, começou a falar:

— Luis, você é uma peça muito valiosa para nossa organização. Você pode nos ajudar muito, precisamos de todas as irformações possíveis que você possa nos fornecer. Mesmo sabendo que você foi cativo no Brasil, sabemos também que conhece bem a cultura e os procedimentos do povo que toma conta daquela terra.

Eu jamais imaginava que, naquela pequena mesa, tão longe do cativeiro, houvesse uma corrente de mãos tão fortes que mais tarde viria a quebrar todas as correntes do cativeiro brasileiro.

Quando saímos de lá já era tarde, confesso que até me esqueci do cemitério. A minha esperança agora reinava nos pensamentos de libertação criados entre a França e Portugal, envolvendo alguns filhos de entrangeiros já nascidos no Brasil, jovens que estavam lutando por uma pátria livre, pela formação de um novo país. Segundo o que me foi passado, a idéia não era arrancar as pessoas do Brasil, mas torná-las livres.

Assumi um compromisso com o movimento, lutaria ao lado deles e, assim que pudesse retornar ao Brasil, levaria um projeto de esperança. Eu começaria a preparar o nosso povo para aprender a viver fora do cativeiro. Como já disse anteriormente, os negros que recebiam liberdade morriam mais depressa, não tinham como sobreviver só com a liberdade. Alguns senhores mal-intencionados já usavam esse método como estratégia, libertavam um negro que não tinha condições psicológicas de sobreviver e amedrontavam os outros negros, dizendo-lhes: "Vocês não podem ficar livres por aí, nós os protegemos. Enquanto estiverem cativos terão casa, comida e nenhum outro senhor tocará em vocês".

O padre mantinha contato com todos os membros da organização, sem causar suspeitas aos países que defendiam a manutenção da escravidão.

Dois dias depois do meu primeiro encontro com a organização, o padre me chamou e disse que as terras onde estavam plantadas as primeiras palmeiras de dendê agora eram minhas. O senhor deixou o suficiente para que ele adquirisse uma boa terra, uma vaca leiteira, uma cabra, um porco e algumas galinhas; eu deveria começar a cuidar da minha terra e dos meus animais. Lá havia uma casa, não era grande, mas daria para me amparar com dignidade.

Na frente de três testemunhas me foi passado um papel confirmando que aquelas terras me pertenciam. Eu ainda não acreditava que aquilo pudesse ser real. Eu tinha uma casa, animais e terra para plantar! Eu seria o meu próprio senhor!

Ficando a sós comigo, o padre falou-me baixinho:

— Luis, eu viajo depois de amanhã, vou me encontrar com um grupo de jovens que fazem parte do nosso movimento. Esse grupo é liderado pelo senhor Silvério, aquele amigo que encontrou a sua família e lhe ajudou a chegar até aqui. Com as informações que você me forneceu, tenho certeza de que ele vai conseguir muitas coisas lá no Brasil. Desta vez eu não vou com eles, mas quem sabe quando você retornar ao Brasil, daqui a seis meses, eu possa embarcar com você? Trarei notícias da França. Que recado quer mandar para os seus amigos na França? E que mensagem quer enviar para o Brasil? Acredito que o Silvério, em contato com os membros brasileiros, leve até a sua gente o seu recado, ou até mesmo uma pequena peça sua provando que estás em segurança e que as informações são verdadeiras.

Estremeci de emoção.

— Padre, será que posso mesmo enviar alguma coisa para o Brasil?

— Sim, tenho certeza de que Silvério pessoalmente se encarregará de fazer chegar ao destino. Ele lhe tem muito apreço.

— Eu vou mandar esta pulseira velha de couro que eu sempre usei; tem um desenho feito nela, foi eu mesmo que fiz. Ritinha conhece muito bem essa pulseira, ela vai acreditar e passar notícias minhas aos outros.

Pedi ao padre que se possível pedisse ao moço para falar sobre a possibilidade da Ritinha ser filha dos nossos vizinhos. Eu investigaria mais o assunto, ainda não tínhamos certeza, mas havia uma chance de ser ela mesma.

O padre escreveu num papel tudo o que eu falava, e disse-me que entregaria ao moço branco de Portugal, com todas as minhas recomendações.

Enviei uma mensagem de agradecimento aos meus senhores e um pedido à minha sinhazinha Lucien: que ela não voltasse ao Brasil sem mim. Acrescentei que estava muito feliz, mas desejoso de regressar ao convívio dos meus filhos e amigos.

Me despedi do padre, desejando-lhe boa viagem. Ele me recomendou:

— Vá cuidar de sua nova casa, os animais precisam de cuidados, assim que eu voltar vamos nos reunir para que todos saibam dos avanços dos nossos projetos.

Saí com os olhos cheios de lágrimas. Só de pensar que alguém levaria notícias minhas para os meus filhos e amigos, minha alma se alegrava.

Encontrei meu irmão caçula no caminho e pedi-lhe para que fôssemos até o cemitério, pois gostaria de tocar na cova da nossa mãe. Emocionado, ele me respondeu balançando a cabeça afirmativamente.

Chegamos e pedimos licença antes de entrar; aprendemos com os nossos mestres que toda casa e todo ponto da natureza têm os seus donos. Observei as árvores frondosas e floridas que enfeitavam o campo santo.

Ao lado da cova da minha mãe havia uma palmeira de dendê. Olhei para cima, ela estava carregada de frutos. Meu irmão comentou:

— Nossa mãe pedia sempre que na cova dela tivesse uma palmeira de dendê, assim ela estaria ligada a você. Pois foi você o descobridor da palmeira que hoje é a nossa riqueza por aqui.

Ajoelhei-me e chorei como uma criança; o pranto, contido por tanto tempo, cessou, e a voz saiu:

— Minha mãe, eu estou aqui, eu estou em casa! Quantas coisas eu gostaria de lhe falar, mas vejo que agora é tarde. Onde estiver, por favor ouça-me: o seu menino continua triste sentindo a sua falta.

Visitei as covas de todos os familiares, meu irmão ia me apontando cada cova e falando os nomes dos mortos. Interessante como nós guardamos tantas lembranças que, quando são necessárias, voltam como se fossem fotografias guardadas na memória, eu ia me lembrando de cada um, pessoas que eu havia esquecido; de repente, as lembranças dos seus rostos vinham claramente dentro de mim.

Terminamos de visitar todos os túmulos e eu aproveitei a ocasião e convidei meu irmão para me acompanhar até a minha nova casa. Passamos na nossa vila, os outros irmãos e sobrinhos nos acompanharam até lá, era uma beleza.

As velhas palmeiras balançavam, estavam todas carregadas de frutos. Os animais circulavam livremente de um lado para o outro. A casa caiada, coberta com telhas de barro, era um verdadeiro luxo para mim.

Meus irmãos me abraçaram, comovidos, e falavam ao mesmo tempo:

— Você merece, Luis. De todos nós, quem mais faz juz a esta casa e a esta terra é você.

Entrei na casa e fiquei deslumbrado! Ela estava toda prontinha, mobiliada e bem limpinha.

— Venha cá, Luis, veja este pilão aqui — olhei e não entendi nada.

— Esse pilão foi feito com aquela tora de madeira que o nosso pai deixou na saída de vocês. Este pilão foi feito porque os nossos guias nos disseram que um dia ele seria útil para todos nós; guardamos ele esperando por você e pelo nosso pai.

Abraçei o pilão e chorei. Ninguém mais do que eu para saber o que aconteceu diante daquela tora de madeira. Aos poucos fui reconhecendo pertences da minha mãe, do meu avô e do meu pai.

As minhas sobrinhas, duas moças bonitas — uma delas lembrava a minha mãe —, dentes fortes, alvos e bem-feitos, muito sorridente, me puxaram pela mão, dizendo-me:

— Venha, tio Luis. Hoje é dia de alegria, não de tristeza. Venha ver o que lhe preparamos!

Havia sobre a mesa um verdadeiro banquete: bolo, doces e salgados à vontade, sucos, aguardente e licores variados. Foi realmente um grande dia para todos nós.

Enquanto as mulheres riam e conversavam entre si, os homens também discutiam novos planos. Os meus irmãos discutiam o plano do padre, que era não de tirar os nossos filhos de sua terra natal, mas torná-los livres.

Os meus filhos brasileiros e cativos mal poderiam saber que tantas pessoas do outro lado do mundo estudavam uma forma de libertá-los do cativeiro.

Ouvindo cada um deles, pude perceber o quanto fui egoísta a vida inteira em só pensar na minha dor, nas minhas perdas. Jamais imaginei a luta e o sofrimento deles em sentirem-se impotentes diante do mundo.

A verdade é que a minha família sofreu tanto quanto eu a dor da separação. O nosso rapto foi transmitido de pai para filho todo esse tempo; eles choravam e sofriam com a nossa ausência.

Já era noite, e eles vieram se despedir de mim. Abraçei cada um dos meus irmãos com verdadeiro sentimento, pedi desculpas a eles e prometi a mim mesmo que faria de tudo para entender a vontade de Deus para conosco.

Naquela noite, sozinho na minha nova casa, deitado sobre o meu colchão de junco, ouvia o cantar dos grilos e das corujas; o meu pensamento corria para o Brasil. Nunca imaginei que fosse sentir tantas saudade assim; que falta, Deus, eu sentia dos meus filhos e dos meus amigos que se tornaram a minha família.

Não consegui conciliar o sono, levantei-me, tomei um copo de água, tirei a tranca da janela e me debrucei sobre ela. Fiquei observando as estrelas que cruzavam o céu, sonhava acordado: "Um dia eu vou fazer como essas estrelas... elas cruzam o céu! Eu vou cruzar o mar! Não sei até onde elas chegam, mas eu sei aonde quero ir: ao Brasil..."

Enquanto voava com meus pensamentos, um vaga-lume chegou perto de mim. Lembrei-me das palavras do avô João de Angola: "Não fique sonhando com as estrelas no céu, repare nos vaga-lumes que estão ao seu lado em terra". Peguei o vaga-lume na mão e agradeci a Deus, eu sabia que tudo o que estava acontecendo comigo tinha um grande propósito divino.

Não sei quanto tempo fiquei ali debruçado na janela; o silêncio da noite traz muitas respostas para as perguntas que fazemos com a consciência. Meditei bastante, não sei o que seria de mim dali pra frente, pois mesmo no seio da minha verdadeira família eu me sentia só. Tinha liberdade e uma grande solidão: "...Deus, o homem nunca está realmente satisfeito com o que tem", dizia para mim mesmo.

Olhando para o infinito sem encontrar o caminho que buscava, decidi que me empenharia em cuidar daquela terra, faria o melhor possível, plantaria de tudo, inclusive muitas flores e ervas em volta da minha casa.

Pararia de contar os dias, deixaria nas mãos de Deus e dos nossos orixás o meu destino dali por diante. Fechei a janela, deitei-me, fechei os olhos e dormi. Acordei no outro dia com a minha sobrinha me chamando à porta, trazia cuscuz de milho, leite de cabra e beiju de mandioca. Sorrindo, ela me preparava a mesa:

— Trouxe para o senhor, tio Luis, é para comer tudo. O seu almoço tem gente brigando para fazer — falou rindo. — Não é para o senhor se preocupar em fazer comida, nós fazemos com muito gosto. Hoje é o primeiro dia que o senhor abriu a porta da sua casa para dar um bom dia para alguém; neste dia que amanheceu para todos nós, começa uma nova história em sua vida. Eu, sinceramente, desejo, meu tio, que o senhor possa encontrar um pouco de paz aqui entre nós. Todos nós te amamos muito, crescemos ouvindo o seu nome e aprendemos a respeitá-lo, do jeito que o senhor merece. Sou privilegiada por ser a primeira pessoa que bate à sua porta, e ela se abre para mim. Conte comigo para tudo o que o senhor precisar.

Fiquei emocionado com tanta demonstração de carinho e amor que recebia daqueles que sempre estiveram ligados a mim pela corrente do verdadeiro amor. Abracei minha sobrinha e beijei sua fronte.

— Muito obrigado, minha filha, você não imagina como me sinto feliz em poder ouvir tudo isso de você. Mas agora sente-se e me faça companhia! Está tudo tão cheiroso, e depois de todo esse dengo, fiquei com fome de leão.

Assim foi no almoço, à tarde e à noite, todos os dias. Por mais que eu pedisse para não se preocuparem comigo, as minhas sobrinhas, cunhadas e outros membros da família me traziam guloseimas diferentes todos os dias.

Capítulo XVIII

A ESPERA

Entreguei-me ao trabalho de sol a sol e, numa semana, já havia limpado e plantado muitas coisas. A lua estava cheia, as minhas irmãs trouxeram-me ovos e galinhas para chocar. Todo dia me traziam algo novo. Eram sementes disso e daquilo, plantei milho, mandioca, batata-doce, inhame. As plantas já começavam a brotar; a chuva fina que caía do céu parecia que foi encomendada para tal.

Assim passaram-se os dias, e eu aflito pela chegada do padre com as notícias.

Uma tarde eu estava amarrando uma cerca quando avistei de longe o padre, com sua batina preta. Corri, lavei as mãos, o coração disparou; minha ansiedade era tanta que não esperei o padre chegar, corri a seu encontro, estendendo-lhe as mãos.

O padre sentou-se na pequena varanda da minha casa, ofereci uma caneca de água. Ele respirou fundo e disse:

— Essa subida até aqui mata a gente. — Realmente a minha casa ficava num alto, tinha uma vista bonita, era bem localizada.

— Luís — disse o padre —, graças a Deus, deu tudo certo. O que tenho a lhe dizer certamente vai lhe agradar. Acredito que nestes três dias o nosso pessoal esteja desembarcando no Brasil. Silvério levou sua carta e a pulseira, e leva a recomendação que só deve entregar nas mãos da Ritinha, sua amiga. Da França, trago uma novidade para você! Vou ler o que está escrito nesta missiva, posso?

— Por favor, padre, leia, leia.

"Olá Miguel, tudo bem? Como você está se sentindo entre os seus? Bem, eu posso imaginar... Tiro por mim, é só felicidade, não é mesmo? Apesar de toda falta que sinto de todos que deixei no Brasil, sou a pessoa mais feliz do mundo, aproveito cada minuto de minha vida ao lado dos meus pais, marido e irmão.

Miguel, eu vou ser mãe! Estamos num grande dilema: nos preocupa a viagem de volta e os perigos que eu possa correr dentro de um navio. Por outro lado, quanto tempo precisamos esperar até podermos viajar com o bebê?

Bem, já discutimos uma outra possibilidade: meu marido volta ao Brasil no tempo combinado, e eu fico com meus pais. Mas não se preocupe, se você realmente deseja retornar ao Brasil, meu marido levará você de volta.

Estou com muita saudade de você, fiquei contente em saber que você está ótimo, cuide-se bem. Ah! A minha tia (a sua antiga sinhá) ficou emocionada, às lágrimas, ao conhecer toda a história da minha vida. Meu pai reconheceu os erros dele e falou-lhe que você salvou a minha vida. Ela também tem filhos gêmeos, hoje uma moça e um rapaz, ela lhe envia lembranças e ficou feliz em saber que você retornou para casa."

Enquanto o padre lia a carta, as lágrimas rolavam pelo meu rosto, a lembrança da minha antiga sinhá, tão bela e tão generosa! Parecia ver o rosto do meu senhor, o marido dela, aquele homem era um verdadeiro anjo de Deus.

Então a minha menina ia ser mãe! Ela, que nasceu nas minhas mãos... a menina que dormia agarrada no meu pescoço... a minha boneca de louça ia ter um filho! Quem me dera poder ajudá-la. Ela me chamava de Miguel, eu era Miguel, sim, Luís Fernando foi o menino que morreu dentro de mim.

Após conversar alguns minutos com o padre sobre a sua viagem, ele levantou-se e ficou admirando o meu trabalho.

— Luis, em tão pouco tempo você fez tudo isso?

— Sim, padre, eu quero fazer muito mais. — Parei em frente do padre. — Preciso lhe fazer uma confissão padre: eu me sinto tão estranho quando ouço alguém me chamar de Luis.

— Mas o seu nome é Luis! — falou o padre. — Eu sei que você passou a vida toda ouvindo as pesssoas te chamando de Miguel. Mas, veja bem: é muito importante que você assuma a sua verdadeira identidade. É necessário você se reencontrar, deixando para trás o cativo Miguel para descobrir na liberdade o verdadeiro Luís Fernando.

O padre foi embora me avisando do encontro para o outro dia à tarde com todos os homens envolvidos no movimento de libertação.

À noite eu fiquei com a carta entre os dedos, invejava os nobres que sabiam ler e escrever; como era bonito ver as pessoas com uma pena desenhando formas e riscos e outros lendo e entendendo o que estava desenhado. Devia ser mesmo uma coisa de Deus aprender a ler e a escrever.

Algo me dizia que eu não voltaria para o Brasil dentro de seis meses; as coisas estavam mudando de rumo. Um pressentimento de medo apertava o meu coração: "Será que o senhor se lembraria de mim?"

E, assim, trabalhando, trocando idéias, aprendendo e ensinando o meu povo, os dias foram se passando. O padre recebeu um chamado para apresentar-se na França. Ficamos empolgados, talvez fossem notícias trazidas do Brasil pelo senhor Silvério.

Nesse ínterim já haviam se passado quatro meses. O padre partiu, levando uma carta minha que ele mesmo escreveu: minhas plantações estavam lindas e viçosas, meu terreiro lotado de frangos e pintinhos, todos os ovos vingaram, dava gosto ver a ninhada ao redor da mãe.

Eu me empenhava em trabalhar, os meus irmãos me chamavam atenção dizendo que eu agora era Luís e não Miguel, o escravo. Para que trabalhar tanto daquele jeito?

Era a forma de me acalmar, assim eu não contava os dias que passavam tão devagar. Fazia um mês que o padre tinha viajado e nada de ele voltar com notícias da França nem do Brasil. Eu já planejava deixar a minha casa e toda a plantação para os meus irmãos colherem, logo, logo eu deveria estar me preparando para viajar.

Ainda bem que eu zelava bem pelo casaco e pelo chapéu novos que havia ganhado. Nisso aí eu estava despreocupado, poderia enfrentar o frio muito bem.

O tempo se arrastava, os dias passavam, e nada do padre voltar. A minha roça com todo milho em espigas, feijão em tempo de virar, batata, inhame que já podiam ser consumidos. Os pintinhos agora capões (frangos castrados) e galinhas que lotavam os balaios de ovos.

Nas minhas contas, os seis meses já haviam se passado, não tínhamos notícias do padre, o medo começou a tomar conta dos homens, que consultavam os guias na esperança de respostas para as nossas inquietações.

Um mentor espiritual veio até nós e nos avisou: "Mantenham-se cautelosos e estarão seguros. Não saiam de sua aldeia para buscar o que não poderá ser dado no momento a vocês. Esperem com paciência a volta do homem de saia, ele voltará, as coisas nem sempre acontecem do jeito que nós planejamos."

Eu não me aguentava mais de ansiedade, mesmo sabendo que poderia receber uma resposta corretiva, me arrisquei e perguntei:

— Senhor, por favor, só me responda uma coisa com toda sinceridade: o senhor acredita que eu ainda vá retornar ao Brasil?

O irmão me olhou com um olhar de reprovação e respondeu-me:

— Você já ouviu dizer que quem faz um balaio, faz cem? Você já saiu daqui para lá e de lá para cá, não vejo impedimento nenhum em você fazer o mesmo caminho de volta. Pare de contar nos dedos, pare de exigir do tempo uma resposta que ele não pode te dar! Em qualquer lugar deste mundo todos os meninos crescem e tornam-se homens, você, no entanto, luta em querer sentir-se um menino que deixou de ser a muito tempo. Em vez de ficar contando os dias que passam, comece a contar para você mesmo o que ainda pode fazer de bom por você e pelo outros. Deixe de ser egoísta! Pare de se fazer de vítima! Faça outras pessoas felizes, e você mesmo provará dessa felicidade. — Baixei a cabeça, envergonhado.

O tempo corria lento, na angústia em que eu estava, fugia de tudo e de todos, começava a perder a fé e a esperança em Deus. Nem sonhar mais eu sonhava, rezava e pedia aos orixás que pelo menos em sonho me mostrassem os meus entes amados, chamava pela minha amada avó Joana e nada, todos me esqueceram; eu de fato me encontrava muito triste. Já não tinha vontade de comer nem de fazer mais nada! Deixei a barba e os cabelos crespos crescerem, me olhava nas águas do rio e via a imagem de um velho enlouquecido pelas lembranças de uma vida emprestada: "... Miguel, ali naquele corpo estava os restos de Miguel".

Começei a tomar aguardente todos os dias, à noite. Eu precisava dormir e esquecer que estava vivo; enquanto engolia a aguardente, desejava nunca mais acordar. Como seria bom dormir e nunca mais abrir os olhos ou lembrar de nada! Eu temia o suicídio por conhecer as leis dos espíritos. Nas vezes que me passou pela cabeça matar-me, imediatamente as palavras da minha avó Joana soavam firme dentro de mim: "A vida pertence a Deus". Eu esperaria lentamente a minha morte natural (mal sabia eu que as pessoas que ingerem bebidas ou outras drogas, seja qual for o intuito, também estão cometendo suicídio; eu tentava me matar com a aguardente).

Meus irmãos faziam de tudo por mim, a minha irmã mais velha chorava e fazia tudo o que as entidades lhes ensinavam; coitada, pensava eu, nem eles mais se incomodavam comigo, algumas vezes que fui levado ao terreiro fiquei sentado esperando que um deles viesse me consolar, para minha decepção apenas me abençoavam (como se numa bênção o abençoado não recebesse tudo, eu me sentia injustiçado!).

Ficava deitado no banco da minha varanda e matutando: a minha vida não valia mais nada, eu fui feliz como escravo, no sofrimento sempre encontrei uma saída para me alegrar; agora eu era livre, tinha tudo, mas me faltava o mais importante: vontade de viver.

Apesar de todo o desânimo que me afligia a alma, estava em mim o dever do trabalho; junto com meus irmãos eu dava conta de todas as minhas obrigações. A mandioca estava no ponto de ser trabalhada, nós programamos arrancar toda mandioca de uma só vez, virar dia e noite, mas fazer toda a farinha. Essas ocasiões eram uma festa, convidávamos os nossos vizinhos mais próximos para participarem conosco e, no final, todos eles levavam farinha e outros produtos da mandioca.

Era uma quarta-feira. Antes de os primeiros raios do sol aparecerem no céu, todos os homens já estavam na plantação de mandioca. As mulheres preparavam a comida para os homens e logo mais todas elas estariam na lida, raspando aquele tubérculo, cantando e brincando alegremente. O sol cruzava do outro lado do céu quando nós terminamos de arrancar toda a mandioca, agora era hora de nos banharmos e irmos comer.

À tarde, a casa de farinha estava lotada de homens, mulheres e crianças, todos cantavam e brincavam. Fui apresentado aos nossos vizinhos que ainda não conhecia. Entre eles estava Dalva, uma moça bonita que era a cara da Ritinha. Inexplicavelmente meus olhos não se desprendiam mais dela.

Ela me olhava e sorria, fiquei com vergonha da minha aparência — eu devia estar horrível com aquela barba e com aquele cabelo cheio, pensei.

Acho que deixei escapar aos outros o meu interesse por Dalva, pois o meu irmão caçula discretamente me soprou ao ouvido:

— Ela não tem namorado, é prendada e filha de gente boa. À noite, vamos virar brincando aqui na casa de farinha. Que tal você ir em casa tomar um banho, fazer essa barba e convidar a Dalva para sentar-se perto de você? — Corei de vergonha, ao descobrir que os outros tinham notado o meu interesse por ela.

Mas, à noitinha, corri para casa e foi exatamente o que fiz: cortei o cabelo com muito cuidado, raspei a barba com a minha navalha, presente que ganhei do meu senhor. Coloquei uma camisa nova e desci todo faceiro.

Quando entrei na casa de farinha foi um grito só de alegria de todos que estavam lá:

— Luis! Que bom! É assim que nós queremos vê-lo — acrescentou minha irmã.

Quando Dalva chegou, notei que ela me procurava e ficou alguns minutos parada me olhando, os seus olhos brilhavam, nunca vi moça mais bonita que aquela, pensei.

No meio da noite, eu e Dalva estávamos sentados embaixo de uma palmeira conversando como se já nos conhecêssemos há muito tempo. Tinha a impressão de que estive apenas longe dela, nossos olhos diziam o que sentíamos. Em apenas um encontro eu descobri em Dalva aquilo que jamais havia conhecido em toda a minha vida: o verdadeiro amor de uma mulher. Dalva me deu uma nova esperança de vida, apesar da nossa diferença de idade, que era grande. Tínhamos os mesmos gostos, aprendi a sorrir e a brincar ao lado dela. Me sentia um novo homem, dizia para mim mesmo: "Eu sou Luis, o menino que cresceu e encontrou a sua vida: Dalva".

Enquanto nos preparávamos para o casamento segundo os nossos costumes, poderíamos nos conhecer espiritualmente e fisicamente. De mãos dadas com Dalva, eu ia pouco a pouco abrindo o meu coração, conforme ia falando sobre todas as passagens de minha vida, parecia-me surgir outra pessoa dentro de mim. Miguel morria ali diante de Dalva, que chamava Luís para si; e eu queria mais do que nunca o seu amor e a sua companhia, ela era a minha própria vida.

Aos poucos fui apagando Miguel da minha vida, assumi por total Luís Fernando, o homem que se preparava para ser o marido de Dalva.

Nosso casamento estava marcado para a primeira lua cheia de março. A alegria tomou conta da nossa comunidade, nosso casamento seria celebrado por pai Benedito, um antigo sacerdote da nossa aldeia. Agora ele vinha como espírito, incorporava no meu padrasto, tinha muita sabedoria, casava, batizava, aconselhava a comunidade a manter-se em paz.

Chegou o grande dia, e eu não cabia de felicidade. Confesso que já não pensava mais em voltar para o Brasil, e as pessoas que deixei para trás me pareciam figuras de um sonho que despertei, como Luís que estava retomando sua vida com Dalva.

Eu estava olhando os últimos detalhes da casa, queria receber a minha esposa como uma verdadeira deusa. Fui informado que o terreiro estava todo enfeitado com flores, ervas e fitas coloridas. Muitas aves, porcos, doces, salgados e muito vinho de jabotá e aguardente com mel estavam preparados para comemorarmos a festa do casamento.

Me senti jovem... a beleza e a juventude de Dalva me davam muitas forças, estava eufórico e ansioso para chegar logo a hora da cerimônia. Segundo nossos costumes, a noiva, um dia antes do casamento, entrava para o terreiro onde seria preparada e apresentada à entidade da fertilidade

(Iemanjá). De cada orixá ela recebia um conselho, um presente, uma instrução. A noiva dormia no altar dos orixás; no outro dia cedo era banhada por outras mulheres da comunidade com o banho das ervas sagradas e só comia o que fosse autorizado pelos orixás.

Duas horas antes do matrimônio recebia outro banho, com essências das flores indicadas pelos guias. Vestia-se nas cores dos seus orixás e ficava esperando ser chamada pelo sacerdote.

O noivo, por sua vez, deveria dormir (não na cama do casal) sozinho na casa onde o casal fosse morar. À meia-noite, deveria abrir as janelas deixar que o vento penetrasse por toda a casa.

Às seis da manhã (com os primeiros raios do sol), o noivo deveria banhar-se com as essências das ervas indicadas pelos orixás. Ele deveria verificar se tudo estava em ordem — a casa deveria ter muitas frutas, verduras, legumes, hortaliças e batatas. A cama devia estar pronta, com lençol novo, a mesa com toalha nova e o fogão devia ter brasas acesas.

Uma hora antes do casamento, o noivo era banhado com água perfumada e logo após vestido pelos padrinhos, que eram sempre os homens mais velhos da comunidade, geralmente tínhamos sete padrinhos, e a noiva, sete madrinhas.

Os padrinhos acompanhavam o noivo até o terreiro, cada um levava um ramo de louro e colocava aos pés do sacerdote. A noiva era trazida pelas madrinhas, vinha toda coberta, não mostrava o rosto; cada mulher trazia um buquê de açucena branca e juntava com os ramos de louro aos pés do sacerdote.

Após ouvir todos os conselhos do sacerdote, a noiva era interrogada se ainda desejava casar-se, e se a resposta fosse afirmativa, aí o pai da noiva ou o irmão mais velho descobria seu rosto. Todos batiam palmas, os noivos ficavam frente a frente, com uma certa distância entre eles.

As palavras do sacerdote eram lindas e marcantes na vida do casal e dos assistentes. Terminando a cerimônia, o noivo beijava a noiva na testa, quando então as alianças eram riscadas no chão pelo sacerdote (ele riscava dois círculos unidos um ao outro, colocava os noivos neste círculo e fazia a consagração da união dos corpos e dos espíritos).

Era muito bonito, sincero e seguro o casamento dos nossos antigos costumes. Hoje, tudo é muito bonito, mas já não se respeita a determinação de levar-se a sério o juramento.

Terminando a cerimônia, todos deveriam aproveitar a festa, comer, dançar, brincar e fazer planos. Lá pelas onze horas da noite, o noivo deveria seguir acompanhado pelos padrinhos e familiares para verificar se tudo estava em ordem em sua nova morada.

Os padrinhos deixavam o noivo esperando a noiva na porta de casa e voltavam para vir acompanhando a noiva. Toda comunidade vinha junto, quando entregavam a noiva e se retiravam imediatamente, brincando e gritando votos defelicidades ao casal.

Enquanto era ajudado a me vestir pelos meus padrinhos, pensava em como Dalva devia estar bonita. Fomos para o terreiro, deu-se início a todo processo que eu já conhecia; logo em seguida, vi-me diante da mulher mais linda que os meus olhos já viram.

Estávamos dançando no meio do terreiro a céu aberto, quando alguém me chamou a atenção. Avistei uma carruagem se aproximando, os atabaques pararam, ficamos esperando para ver quem era. Saltou da carruagem o padre, que reconheci por causa da batina preta; estava magro e pálido, parecia envelhecido.

Corremos até ele, dos seus olhos fundos desciam lágrimas, me abraçou e disse-me:

— Tantas coisas aconteceram... Vejo que hoje é um grande dia para você, receba a minha bênção em nome de Deus, não se preocupe, teremos muito tempo para conversar.

Perdi a voz, o meu passado voltava justamente no dia em que eu nascia para uma outra vida. Não pude me conter e perguntei:

— Por que demorou tanto a voltar? — Ele de cabisbaixo, respondeu-me:

— Coisas de Deus, que temos de aceitar. Está tudo bem, não deixe que a minha volta atrapalhe a sua alegria, você fez muito bem em casar-se, os seus orixás te amam porque eles amam a Deus tanto quanto amam a você. Teremos tempo para conversar com bastante calma; o senhor Silvério não retornou do Brasil, não tenho nenhuma notícia de lá, muitas coisas mudaram em nossos projetos, temos de esperar as coisas se acalmarem, A entrada e saída para o Brasil estão fechadas, nada trouxe de novo para você.

Dalva se aproximou de mim, ela estava tensa. Eu abracei minha esposa e disse-lhe:

— Fique tranquila, está tudo bem.

— Temi que ele tivesse vindo buscá-lo para levá-lo ao Brasil, disse-me ela.

— Não, Dalva, ele apenas retornou para a nossa comunidade depois de um ano e meio de ausência. E preste atenção — disse-lhe olhando-a nos olhos —, sem você eu não acompanharia nem um anjo para o céu, porque a minha vida sem você, no melhor lugar que Deus tenha criado, não teria sentido nenhum. Amo você, Dalva. Imagine que o meu amor por você seja assim: juntando todo amor que senti pelas pessoas a quem amei e continuo amando, você é todos eles. Depois que te conheci, não posso amar mais ninguém sem que você não esteja nesse alguém. Se já amava aquelas pessoas de quem te falei, hoje amo-as muito mais porque tenho em você a força do amor verdadeiro.

Dalva me abraçou e achegou-se a mim.

— Eu também te amo desse mesmo jeito. Amo a todos a quem você ama, porque eu estou em você da mesma forma que você está em mim.

Ficamos uma semana em plena lua-de-mel, parecíamos duas crianças brincando, um correndo atrás do outro e logo depois ficávamos sérios e fazíamos planos e mais planos.

No domingo, eu convidei a minha esposa para assistirmos à missa dominical. Ela ficou um tanto indecisa, mas, por fim, disse-me:

— Confio em você, se me diz que é bom, eu vou.

Ao chegarmos, fomos recepcionados por toda a comunidade, sorridentes, e com muita sinceridade todos nos desejavam felicidades. Senti muita tristeza na voz do padre, em suas preces ele se dirigia a Deus como uma criança fragilizada. Senti pena dele e me perguntava se estaria doente. Seria esse o motivo de ter ficado tanto tempo ausente?

Bem, fosse o que fosse, eu já havia escolhido o meu caminho, nada mais me interessava do Brasil ou da França, eu agora era Luís Fernando o esposo da Dalva, e se um dia me obrigaram a ser Miguel, este estava morto e enterrado dentro de mim.

Após a cerimônia, enquanto as mulheres conversavam sobre receitas novas de doces, salgados, costuras etc., os homens se juntaram num canto; o padre nos convidou para uma reunião logo após o almoço, com o que todos concordaram. O padre olhou para mim e falou:

— Luis, por favor, venha. É muito importante, preciso falar-lhe.

Nos despedimos dizendo "até à tarde". No caminho, Dalva me disse:

— Luis, como todos os outros homens que cuidam da nossa comunidade, você deve ir a essa reunião, mas por favor não tenha uma recaída. Talvez o padre lhe fale coisas que venham a lhe entristecer; procure lembrar-se de nós dois; o que ficou para trás não pode afetar a nossa vida.

Abraçando minha mulher, respondi:

— Eu prometo e volto a lembrar: nada é mais importante em minha vida que você, por isso, fique tranqüila.

O sol já pendia dois palmos para o lado sul (mais ao menos duas horas da tarde) quando descemos para nos encontrar com os outros homens. Deixei Dalva na casa da minha irmã junto com as outras mulheres e fomos até a sala que ficava nos fundos da igreja.

Sentamos em volta da mesa rústica feita de madeira de umbaúba preta e, enquanto esperávamos pelo padre, fiquei observando os detalhes da mesa e do ambiente em si. Eu estava ali mais por obrigação que por vontade própria.

O padre chegou, sentou-se à cabeceira da mesa, abriu uma pasta e nos mostrou vários papéis. Ficamos olhando para ele em silêncio, então disse-nos:

— Perdão, vou ler para vocês:

"Uma organização ligada à coroa de Portugal havia descoberto a nossa organização e todos os envolvidos estão sendo investigados. Prenderam o senhor Silvério e mais 21 membros de nossa organização".

E o padre contou-nos que meus senhores franceses estavam sendo observados; o senhorzinho foi levado de volta ao Brasil sob custódia da coroa de Portugal, por isso ele não veio me buscar.

A sinhá Lucien, juntamente com seu filho, continuava na França; ela estava doente, todos achavam que ela havia enlouquecido, pois passava as noites de um lado para o outro e não se importava com o filho. De vez em quando ela chegava até a janela e gritava por Miguel, pedia socorro dizendo que só Miguel poderia salvá-la.

Ele nos disse ter ficado longe todo aquele tempo para não despertar suspeitas entre o próprio clero. Com as lágrimas descendo dos olhos cansados, disse-nos:

— Eu vos amo, daria minha vida para salvar cada um de vocês.

Olhando para mim, soluçando, repetiu:

— Daria tudo, Luis, para libertar os seus filhos e trazer de volta pessoas como você e Ritinha ao convívio das suas famílias.

Após muita discussão sobre os riscos que corríamos e as precaucões que devíamos ter dali para frente, o padre nos prometeu dali a três meses tentar ir buscar notícias do que estava acontecendo com os nossos irmãos lutadores.

Saí dali triste e pensativo. Se existia uma pessoa que não merecia estar detida era o senhor Silvério! Meu Deus, um rapaz nobre, jovem, com uma vida toda pela frente ser aprisionado como um criminoso... tentando nos salvar, tentando libertar nossos filhos do cativeiro! Não, não seria justo que os orixás permitissem tamanha ingratidão.

Enquanto me dirigia ao encontro de Dalva, lembrava-me da energia daquele moço fino que me tratava como se eu fosse um branco. Lembrava-me de que ele foi o primeiro homem branco a me abraçar com lágrimas nos olhos e me chamar de irmão.

Naquele momento compreendi que, mesmo amando Dalva como a Deus, eu daria a minha vida para salvar aquele homem, pois ele era cada um de nós. Ele havia me dado a vida e a esperança; se eu pudesse retribuir isso a ele, faria de bom gosto, não me importando se custaria a minha vida.

Dalva me perguntou assim que me viu:

— Luís Fernando, tudo bem?

Quando ela estava preocupada ou falava sério comigo, me chamava de Luís Fernando, então respondi:

— Sim, Dalva, está tudo bem.

Naquela noite, enquanto Dalva dormia eu me levantei, abri a janela da sala, me debruçei sobre ela e fiquei olhando as estrelas que cruzavam o céu. Lembrava-me do rostinho de Lucien sorrindo para mim com tanta inocência. Os olhos azuis da cor do céu que tanto me emocionaram. Ela estava agora doente e chamando por mim. Meu Deus, o que fazer? Mesmo dizendo que Miguel havia morrido, eu não era um monstro, e as saudades me machucavam a alma. Oh! Senhor de todos os orixás, olhai por ela. Oh! Orixás dos pequeninos, olhai por ela e por todos nós.

As lembranças de Ritinha, Nalva e dos meus filhos correndo de um lado para o outro vinham até mim como a me cobrar a vida boa que eu estava tendo enquanto eles continuavam cativos. Deus! Como estão meus filhos? Oh! Criador do universo cuide deles, me perdoe, Senhor.

Fiquei debruçado na janela chorando e falando com Deus por muito tempo. Voltei para cama com medo de que Dalva sentisse a minha falta e acordasse. Deitado ao lado dela, meus sentimentos se misturavam, amava-a mais que tudo em minha vida, mas o passado mexia demais comigo, não podia esquecer os meus filhos — filho é uma gota de sangue que pinga do nosso coração e cresce em outro corpo, não dá para esquecer. Em silêncio, eu chorava, parecia rever o sorriso de cada um deles.

Lembrava-me dos seus nascimentos, mesmo sendo cativos, cada um deles que eu recebia em minhas mãos eu chorava de emoção; não existe sentimento maior que a emoção de um pai tocando pela primeira vez seu filho.

Os galos já cantavam quando adormeci, depois de tanto tempo e de tanta espera eu sonhei com a minha amada avó Joana. Sonhei que estava na casa grande, ela me chamava: "Miguel, filho, vem até aqui!". Eu saía correndo atrás dela, íamos até a mata e lá ela me mostrava um pássaro todo colorido e me perguntava: "Miguel, qual é o nome daquele pássaro?"

Eu olhava e olhava, nunca tinha visto nada parecido. Ele era encantador, cantava, batia as asas. Eu fiquei maravilhado e então respondi:

— Ele é muito bonito, amo este pássaro! Mas eu não sei o seu nome!

Ela me respondeu amorosamente:

— Eu te amei assim que te vi, não sabia o seu nome, mas vi muita beleza em você, vi a luz do seu coração.

Em silêncio, fiquei olhando o pássaro, ele juntava galhos e fazia um ninho, enquanto corria a recolher os galhos secos, cantava alegremente, trabalhava com alegria.

— E então, Miguel? — perguntou a avó Joana.

Cantando ele fez um ninho, agora está deitado dentro dele quietinho, de olhos fechados.

— Miguel, meu filho, esse pássaro é você! O seu nome pouco importa, meu filho! Você alegrou muitos corações, ajudou e ensinou tantas coisas boas aos filhos do Pai Maior. Você é um pássaro que bateu asas e voou, alegremente trabalhou e construiu o seu ninho, agora é hora de ficar quietinho dentro dele sem se preocupar com nada. Deixe o tempo encarregar-se de chamá-lo novamente a voar, pare de chamar sofrimento para a sua alma, pois o sofrimento da matéria deixamos na Terra, mas o sofrimento da alma é o nosso fardo.

Enquanto ela falava, o seu rosto iluminava-se, parecia flutuar. Tentei tocá-la, ela afastou-se e disse-me:

— Volte para o seu ninho e fique quietinho ao lado da Dalva. — Elevando-se no ar ainda pude ouvir as suas últimas palavras... — Deus te abençoe, meu filho.

Acordei suando, sentindo aquele cheiro tão conhecido, ervas e rosas, não pude conter a emoção, os olhos estava marejados de lágrimas, o coração batendo forte. Nisso, Dalva acordou e, olhando-me, perguntou:

— Está sentindo este cheiro? Devem ser as rosas que começaram a abrir.

Virando-se, ela continuou falando:

— Eu sonhei que estava num lugar lindo, imagine que eu ganhava um pássaro! Era todo colorido lindo, lindo! lindo! Só em sonho mesmo para acontecer essas coisas! Eu nunca vi por essas terras nenhum pássaro igual àquele.

Sem prestar atenção nas lágrimas que eu secava às escondidas, ela me abraçou, dizendo:

— O dia está clareando, daqui a pouco temos de levantar e cuidar da nossa lida. Os bezerros já estão berrando para mamar (nós prendíamos os bezerros à noitinha para tirarmos o leite das vacas de manhã cedinho, antes da primeira mamada).

Saí para ordenha, soltei o primeiro bezerro, deixei ele mamar uns dois minutos, então afastei-o e começei a tirar o leite. Esse era o método que usávamos: a primeira mamada era do bezerro, ajudava na ordenha.

Enquanto cuidava da ordenha das vacas, ouvia Dalva cantando na cozinha, a fumaça saía pela chaminé do nosso fogão de barro. A lenha seca pegava fogo fácil, senti o cheiro bom da refeição que ela preparava para nós.

Eu me lembrava do sonho que tive com a avó Joana, pensava em todas as palavras do padre a respeito de Lucien, do senhor Silvério e dos meus senhorzinhos.

Imaginava o rostinho do filho de Lucien, pensava nela, pobre anjo, estava doente e precisando de mim. O que fazer? Por mais que acreditemos ter domínios sobre os nossos sentimentos, é impossível dominá-los. O desejo do espírito é muito mais forte que todos os desejos carnais. O homem nunca pode jurar ser capaz ou incapaz de fazer isso ou aquilo, pois a capacidade de amar ou odiar é desconhecida em todos os indivíduos de carne e osso.

Sentei-me à mesa de carvalho e me pus e observá-la, ela foi talhada pelo meu avô. Quantas histórias haviam se passado sobre ela! Agora eu estava ali, sentado diante daquela mesa, dividido, triste e cheio de remorsos.

Dalva pegou um prato de cerâmica e encheu-o de comida, eu mexi e remexi a comida, mas não conseguia engolir, um nó me apertava a garganta.

— O que está acontecendo, Luís Fernando? — perguntou-me Dalva.

— Não estou com fome, é só isso. A sua comida, como sempre, está ótima. Eu é que não estou bem. — Ela levantou-se preocupada, veio até a mim, pôs a mão sobre a minha testa. Delicadamente beijei-lhe as mãos e, olhando nos olhos dela, disse: — Dalva, a minha doença não é no corpo, mas na alma.

Ela, com os olhos cabisbaixos, respondeu-me:

— Eu não sei o que aconteceu, mas desde o dia do nosso casamento, com a chegada do padre, você perdeu a paz. Eu não posso te ajudar, Luis? Fale comigo! Sou a sua mulher, quem sabe juntos pensaremos em algo que venha ajudar. — Ela continuou falando. — Nunca tivemos segredos um com o outro, me sinto triste em perceber que você esconde alguma coisa séria de mim.

Antes que pudesse responder alguma coisa, as lágrimas já desciam pelo meu rosto. Dalva tinha razão, ela era a minha mulher, minha amiga, minha companheira fiel e leal, eu contei tudo para ela.

Ficamos um bom tempo abraçados e em silêncio. Foi ela quem falou primeiro:

— Luis, vamos falar com o nosso Pai Espiritual, vamos pedir uma orientação e manter a calma. Agora que você já dividiu comigo esse fardo, ele ficará mais leve na sua alma. Quero que saiba de uma coisa: se você tiver de voltar ao Brasil, eu vou estar ao seu lado, não importa o que possa me acontecer, irei com você.

Fiquei emocionado e senti um grande alívio no coração, só o fato de não estar escondendo nada daquela que era a minha razão de existir já me tranquilizava um pouco o coração.

Realmente eu precisava me acalmar, ou enlouqueceria. Me entreguei ao trabalho. Enquanto cuidava das minhas tarefas, pensava: "Graças a Deus que o trabalho faz o homem sentir-se útil para alguma coisa".

Todos os membros da comunidade estavam preocupados e em estado de alerta. Ninguém mais dormia em paz. Montamos um esquema de guarda entre nossos homens. Dia e noite, a entrada e a saída da nossa aldeia era vigiada.

O padre andava na aldeia para cima e para baixo, parecia ter perdido a noção do tempo. Fazia mais de dois meses que ele rezava a missa chorando; estava magro, pálido e envelhecido.

Por mais que eu tentasse tirar dos pensamentos a figura de Lucien, do senhor Silvéio, de meu senhorzinho, Ritinha... E meus filhos? Eu não podia morrer sem saber deles...

Dalva fazia de tudo para me alegrar, e eu me esforçava para não vê-la triste. Às vezes, até forçava um sorriso para agradá-la.

Uma tarde enquanto limpava os coxos dos porcos, Dalva me apareceu sorridente, parecia mais bonita do que antes. Fiquei parado olhando a sua expressão de felicidade e pensei: "Eu preciso fazer essa moça feliz! Ela não merece o que eu estou fazendo com ela".

Me abraçando, ela disse baixinho:

— Luis, nós vamos ter um filho!

Eu deixei cair a cuia de água no chão; parece que suas palavras me anestesiaram a alma. Fiquei parado, olhando para ela sem fala.

— Luis, você não diz nada? — gritou ela.

Trêmulo, me aproximei dela e mal pude falar:

— Dalva, eu... eu... não sei nem o que te falar! — Abracei-me a ela a pus-me a chorar. Mil pensamentos vieram à minha cabeça.

Sentamos debaixo de uma palmeira e ficamos olhando para o céu azul e límpido. Foi Dalva quem falou primeiro:

— Luis, eu pensei que você fosse ficar feliz com a novidade, mas vejo que entristeci você com a notícia.

Abraçando minha mulher com ternura, disse-lhe:

— Dalva, por favor, não fique magoada, não fiquei triste com a notícia, apenas não esperava por ela. Sabe Dalva, todos os meus filhos foram gerados com muito respeito para com suas mães, mas sem amor. E eu amo a cada um deles, como se fossem pedacinhos da minha vida. O filho que está no seu ventre, como meus outros filhos, é uma gota do meu sangue e foi gerado com muito amor. Você sabe o quanto te amo, o quanto é diferente.

Logo a notícia se espalhou. Meus irmãos me cobravam esquecer o passado. "...Agora que você vai ter um filho entre nós", "...este é o seu legítimo e verdadeiro filho", "...procure esquecer os que ficaram para trás, nossos orixás cuidarão deles". Eu assentia com a cabeça, mas, no coração, o grande desejo de poder revê-los; na alma, estava a dor da saudade.

CAPÍTULO XIX

O TEMPO PASSOU...

Como de costume, todos os sábados íamos para o nosso culto, ouvíamos conselhos, recebíamos ajuda naquilo de que precisávamos. Estranhei quando o nosso líder espiritual me chamou em particular. Acompanhei o mestre em silêncio até um canto mais distante do barulho de alegria do nosso povo.

Olhando-me seriamente, ele me disse:

— Filho, quando as tormentas que encobrem o céu sossegarem, você vai poder sorrir outra vez. Faça o melhor que puder na sua vida, lembre-se de que por aí vem uma luz que vai precisar de você. Receba esse filho e faça dele um homem de verdade. Deus é bom, justo e misericordioso, um dia você entenderá todas as vontades do Pai. Agora, filho, tenho um pedido a lhe fazer: gostaria que ajudasse o padre no que você puder; lembre-se do quanto ele ajudou você; agora é sua vez de retribuir.

Eu pensei: "... Mas ajudar como?" Ouvindo o meu pensamento, ele respondeu:

— Amanhã você saberá.

Ao sair dali estava mais tranqüilo e reconfortado.

No outro dia de manhã, assim que terminou a missa, o padre nos chamou para uma reunião. Tão logo chegamos à sala, vi que havia um baú de viagem e um saco ao lado do banco; todos os homens entreolham-se, mas sentamos em silêncio.

— Meus amigos — começou a falar o padre —, eu não posso mais continuar aqui. Vou partir hoje mesmo, preciso da ajuda de vocês para chegar até a minha travessia. Não posso continuar me escondendo, nem fugindo de uma situação na qual eu também estou comprometido. Vou me juntar aos outros e lutar ao lado deles. Estou partindo para a França, levarei notícias suas, Luis, à família da senhora Lucien. Não prometo, mas se tudo correr bem, a nosso favor, se eu puder voltar um dia, voltarei com toda a certeza. Aprendi a amar esta terra e a cada um de vocês. Fiquem unidos; vocês são fortes e independentes, continuem atentos, permaneçam vigilantes. Quanto aos cuidados espirituais de vocês, vou tranqüilo, sei que sempre estiveram em boas mãos, protegidos pelos seus deuses...

Eu me levantei e pedi:

— Padre, posso ir até a minha casa buscar algo para lhe entregar enquanto os meus irmãos combinam a sua saída?

— Sim, Luis, se for algo que eu possa levar e se tiver a chance de chegar ao meu destino entregarei a sua encomenda.

Fui até a minha casa, peguei as minhas economias e, sem nenhum constrangimento, decidi: entregaria tudo para o padre, ele precisaria delas mais do que eu.

Assim que retornei, as carroças já estavam sendo examinadas, os homens se preparavam para acompanhá-lo. Chamei-o de lado e entreguei-lhe a bolsa dizendo-lhe:

— Padre, não é muito, mas é tudo o que posso lhe dar. Sei que vai precisar, por favor aceite.

Ele abriu a bolsa e ficou pálido:

— Luis, isso não é justo, aqui está tudo o que você juntou com o seu trabalho todo esse tempo. Você também vai precisar, Dalva se prapara para ter um filho seu.

Com muito custo convenci o padre a aceitar minha ajuda. Ele partiu acenando. Sabíamos que outro padre não viria para nossa aldeia. Aquele padre que dedicara sua vida a nós era perseguido e procurado como um infrator das leis.

Ao vê-lo desaparecer na estrada, senti um aperto no coração, tive o pressentimento de que jamais tornaria a vê-lo. Pedi aos orixás que o protegessem, ele era um amigo de Deus e dos homens.

Dalva, quando soube do meu gesto, me abraçou, orgulhosa:

— Luis, desde o primeiro dia que te vi o amei por isso: a grandeza do seu coração. Você fez muito bem em ouvir os conselhos do nosso pai; sábado vou agradecer a ele, e você também deve ir até ele e agradecer.

Ficamos reunidos em frente à igreja, as crianças foram dormir e as mulheres ficaram conversando. Os homens estavam preocupados e ansiosos com o retorno dos nossos companheiros. A lua já estava alta no céu quando ouvimos o trotar dos animais. Pusemo-nos em pé e pedimos às mulheres para entrarem nas casas. Eram os nossos homens, ficamos aliviados, tudo havia corrido bem. O padre precisou esperar três horas, mas conseguiu embarcar com alguns pescadores até a ilha onde ele buscaria ajuda para seguir viagem.

O inverno chegou com muita chuva, e trouxe também muitas doenças. Eu, com a orientação dos guias, preparava remédios para toda nossa comunidade.

Me preocupava com a Dalva, ela estava nos dias de dar à luz, e estava tossindo muito. O frio estava muito forte, muitas chuvas e ventos. O afluente do rio subiu muito, trazendo muitas cobras venenosas.

As estradas estavam cobertas de lama, nem montado dava para passar. Os mais velhos comentavam que havia mais de trinta anos não tinham um inverno tão rigoroso quanto aquele.

Os dias eram curtos, e as noites, longas, o céu escuro e a neblina que fechava tudo me causava uma angústia muito grande. Recordava-me dos invernos brasileiros. Na fazenda do senhor, em pleno inverno, não usávamos roupas de frio e víamos estrelas no céu.

A minha irmã veio ficar conosco, só estávamos esperando a hora do nascimento do meu filho. Separei a lenha seca, fiz um berço à moda do Brasil, enchi um colchão de junco seco e desfiado para o berço do nenê. Por outro lado, Dalva também preparou tudo de que precisaria nos primeiros dias.

Era sábado, Dalva estava ansiosa por não poder ir ao culto dos nossos guias. Eu a tranqüilizei dizendo:

— Nossos orixás sabem que você não aparece por lá porque não pode enfrentar as estradas cobertas de lama; eles vêm até aqui.

— Então vá você! — disse-me ela.

— Não, eu não posso deixá-la aqui nesse estado, essas coisas acontecem quando menos se espera, eu não vou, os orixás sabem que não é má vontade, mas cuidado.

Logo após o almoço, ela começou a andar de um lado para outro. Eu, atento, perguntei-lhe:

— O que está sentindo, Dalva?

Antes que ela pudesse me responder, vi a água escorrendo por suas pernas.

— Dalva, pelo amor de Deus, a bolsa arrebentou! Venha comigo.

— Não estou sentindo dores — disse-me ela.

É assim mesmo, algumas mulheres, quando a bolsa arrebenta, não sentem dores. Preparei o banho, coloquei água para ferver, chamei minha irmã que cochilava um pouco e começamos a arrumar o quarto.

Fiz o banho de assento em Dalva, brincava com ela para deixá-la tranqüila, vesti-a com uma bata larga e curta, comecei a fazer algumas massagens em seu corpo e exercitava suas pernas para ajudar na circulação.

Uma hora depois, Dalva gemia e suava frio, eu a animava, massageava o seu ventre ajudando meu filho a ter forças para nascer. Minha irmã corria com os panos quentes e as panelas com água fervendo; o frio era forte, e eu pedia:

— Vamos manter o quarto aquecido.

Eu, acostumado a ajudar tantas crianças a virem ao mundo, olhava para Dalva e tremia, não de frio, mas de medo de perdê-la. No meu íntimo pedia com toda a fé aos nossos orixás que viessem nos ajudar. Pedia a minha avó Joana, que onde quer que estivesse, me ouvisse; eu precisava ajudar meu filho a nascer. Precisava salvar aquela que me dava forças para continuar vivendo.

Lá por volta das nove horas da noite, minha irmã sustentava a cabeça da Dalva, eu massageava na altura do seu estômago com uma mão e com a outra sustentava a cabeça do meu filho, já via o seu rosto, mas ainda não sabia se era menino ou menina. Alguns minutos e lá estava o meu filho, era um lindo e forte garoto.

Cortei o cordão umbilical fazendo todo o ritual dos ensinamentos espirituais que havia aprendido com a avó Joana, e como até hoje é feito entre aqueles que fazem parte da nossa religião.

Mostrei a Dalva o nosso filho; nós dois chorávamos de alegria e de emoção. Agasalhamos mãe e filho na nossa cama, eu e minha irmã fomos cuidar da limpeza e da arrumação da casa. Conforme combinei com meus irmãos, assim que o meu filho nascesse, eu acenderia uma tocha de fogo bem no alto e eles de lá saberiam. Combinamos que, se fosse menino, eu acenderia do lado esquerdo, se menina, do lado direito — e assim fiz. Passei a noite em claro, vigiando as duas pessoas que eram a razão do meu viver. Chovia sem parar, não se ouvia nem um barulho, a não ser da chuva caindo sobre as folhas.

Com muito sacrifício por causa das chuvas, todos os meus familiares vieram nos visitar, todos trouxeram presentes para o meu filho, era manta de lã, casaquinho, sapatinho, touca etc.

A minha irmã, então, perguntou-me:

— Luis, como vai se chamar o filho de vocês?

Eu olhei para Dalva, esperei ela me falar alguma coisa; ela entendeu o meu apelo e então respondeu:

— Se fosse menina. eu gostaria de chamá-la Joana, mas como é menino, eu vou deixar o pai escolher um bonito nome para ele.

Fiquei pensando e tentando me lembrar dos nomes de todos os meus filhos; sinceramente, não me lembrava. Lembrava dos seus rostos, do nascimento de cada um deles, mas não lembrava do nome de todos.

Lembrei-me do meu pai, da avó Joana... Ela me chamou de Miguel porque gostava desse nome, disse-me que era o nome de um anjo muito poderoso. Me veio a pergunta: "E se eu chamasse o nosso filho de Miguel?"

— Dalva — falei —, você concordaria em colocarmos o nome do nosso filho de Miguel?

Ela ficou pensativa e respondeu-me:

— Se você deseja, eu concordo. Miguel é um nome bonito.

A minha irmã gritou:

— Luis! Miguel não era o nome que lhes chamavam no cativeiro?

— Sim, mas não era o nome que me fazia escravo, aliás, esse nome quem me deu foi um anjo; e, em memória a ela, como eu voltei a ser Luis, vou chamar o meu filho de Miguel.

Assim foi escolhido o nome do meu filho com Dalva: Miguel.

O inverno foi duro, mas tivemos uma boa colheita. As estradas estavam secando, o sol voltou a brilhar e nuvens brancas vagavam pelo céu. À noite, eu ficava observando as estrelas mudando de lugar, cruzando para lá e para cá. A lua clareava os arredores da nossa casa, os nossos animais misturados pastavam fartamente.

Dalva dormia agarrada ao nosso filho, eu ficava sonhando com as estrelas no céu — o coração de um homem é mais emoção que razão. Por mais que tentasse me enganar, dizendo que esqueci, as minhas lembranças estavam vivas dentro de mim. Ficava matutando... e matutando, enquanto acendia o meu cigarro de palha me perguntava:

— Como estariam todos? Onde estaria o padre? Teria ele chegado ao seu destino? Será que Lucien recobrou os sentidos? E o senhor Silvério? Oh! Deus, Deus e Orixás! Se eu não podia esquecer toda essa trajetória de minha vida, que eu pudesse aceitar o meu passado sem tantos sofrimentos. Que a minha vida agora era outra, eu era outra pessoa: Luís Fernando.

Aos poucos, Miguel crescia e enchia a nossa casa de alegria; ele era meigo, inteligente e muito esperto. Brincava ao redor da casa dando os seus primeiros passos. Eu chorei no dia em que ele, trocando as letras, me chamou de "PAPA".

Sentei-me na calçada da nossa casa e chorei como criança; era a primeira vez que eu ouvia um filho meu me chamando de "papa". Abracei e apertei Miguel contra o meu peito, eu tinha muito que agradecer a Deus por tamanha felicidade.

Nosso rebanho aumentou, nossa lavoura rendeu, aumentamos e melhoramos a nossa casa, compramos coisas novas para casa e para nós. Miguel já estava com um ano e sete meses, Dalva me abraçou novamente como naquele dia. Antes de ela me dizer qualquer coisa, eu me virei rindo e disse:

— Não negue! Você vai ter agora uma menina!

Ela gargalhou:

— Como você desconfiou?

— Eu não desconfiei, eu acertei!

— Bem, se você advinha mesmo então desta vez vem a nossa Joana.

O tempo passava, vivíamos em paz e distantes dos envolvimentos políticos que sabíamos que o mundo se envolvia. Nunca mais tivemos notícias de fora, perguntamos a um dos nossos mestres pelo padre, e ele nos respondeu:

— Preocupem-se em cuidar dos filhos de vocês, Deus cuida de cada um dos filhos dele. Não vejo motivos para vocês estarem se preocupando tanto, rezem por ele e pelo resto do mundo, é só isso o que podem fazer.

O amor e o companheirismo de uma mulher ajuda o homem a seguir adiante. Eu já não tocava no assunto da minha vida passada com a Dalva, tínhamos uma vida a cuidar, tínhamos filhos para criar e não tínhamos uma rotina dolorosa, pois a cada dia nós criávamos algo diferente para a família e para a comunidade.

Acabamos de colher o arroz, foi uma fartura. Contente, Dalva me lembrava:

— Precisamos vender uns trinta sacos e caiar a igreja e o terreiro dos nossos protetores.

Eu concordei com ela respondendo:

— Hoje mesmo vamos nos reunir para tratar desses assuntos, mas eu quero mesmo é experimentar aquela galinha que você preparou, estou morto de fome! Saímos correndo abraçados e os nossos filhos também correram para ver quem chegava primeiro e ganhava o pedaço melhor.

Após o almoço, deitei-me numa esteira e dormi; comecei a sonhar que estava na casa grande com Ritinha, falávamos de muitas coisas. Eu perguntei pela Nalva três vezes e ela não me respondia, mudava de assunto. Estava tudo mudado, eu perguntei por meus senhores e ela me apontava a estrada. Foi um sonho confuso; acordei angustiado, nunca mais havia sonhado com ninguém do meu passado.

Acordei e fiquei olhando para o céu, o crespúsculo avermelhado anunciava chuvas, um vento norte arremessava as folhas das palmeiras, as crianças corriam em volta da casa, brincando de cavalos de pau.

Ouvi Nalva cantando na cozinha, senti tanta saudades de Ritinha, parecia-me vê-la do jeito que a deixei. Já fazia dez anos que deixei o Brasil, que deixei de ser Miguel para reencontrar-me como Luis.

Eu tinha envelhecido, Ritinha por certo também estava diferente. Será que a Nalva havia morrido? E os meus senhores? E os meus filhos? Meu Deus!

Já não ficava mais na janela sonhando com as estrelas que cruzavam o céu, agora eu brincava com meus filhos, ensinava-lhes a montar, tirar leite etc. Ao lado dos meus cinco filhos eu havia esquecido um pouco a dor que sentia por estar livre e meus filhos continuarem cativos.

O ser humano, apesar de todos os momentos de carência, é uma criança diante do Pai Maior; adapta-se ao sofrimento, esquece a tristeza e consegue encontrar felicidade nas pequeninas coisas da vida.

O tempo apaga as lembranças, ameniza a saudade, compensa com outras coisas o remorso pelo que deixamos para trás. Enfim, o tempo é um grande sábio na cura das enfermidades da alma. Esses dez anos fora do Brasil me pareciam um século deixado para trás.

CAPÍTULO XX

A VOLTA

Era uma bonita tarde de verão, eu calculava com outros homens da comunidade o lucro que tivemos com a venda do azeite, do inhame, do algodão e da lã. Foi o maior lucro dos últimos dez anos, dizia o meu irmão mais novo.

A nossa comunidade sempre foi muito unida: o que um fazia para si, ajudava os outros a fazer também. Pintamos todas as casas e a igreja de cal branca. Tudo estava muito bonito, a minha casa, lá no alto, aumentada do jeito que fora, parecia ao longe um palecete para mim.

Bebíamos um vinho de banana feito por minha mulher, e que eu a ensinei a preparar; todos apreciavam a bebida com prazer, quando Miguel com outros meninos apareceram correndo:

— Papai, papai — gritava Miguel —, estão chegando duas carruagens de luxo, trazendo gente branca.

As mulheres arrastaram as crianças para dentro de casa, os homens se armaram e se colocaram a postos.

À medida que as carruagens se aproximavam devagar, percebíamos nas feições de cada um a tensão e o medo. As carruagens pararam em frente da igreja, os cocheiros eram dois negros desconhecidos da nossa comunidade.

Um deles levantou a mão e falou em tom amigável:

— Ei! Amigos, posso descer e falar com vocês?

Todos os homens se entreolharam e, de uma vez, todos assentiram com a cabeça que sim.

Ele se apresentou dizendo que fazia transportes por indicação e que as pessoas que estavam ali na carrugem vinha por indicação, especialmente para falar com Luís ou Miguel — que eram a mesma pessoa. Estremeci. Meu Deus, o que seria agora?

Ele abriu a porta de uma carruagem, desceu um senhor branco, gordo, de cabelos e barba brancos; o senhor ajudou uma senhora de meia-idade a descer. Vi que ela se apoiava em uma bengala, tinha os cabelos alvos e presos num coque. Junto com eles um rapaz alto, bem alinhado e que me recordava alguém de quem eu não conseguia me lembrar bem.

Da outra carruagem desceu um rapazote, uma moça bem-vestida, tipo as sinhazinhas, com um chapéu florido na cabeça. Atrás dela desceu outro rapaz, que quando eu vi perdi a fala: o irmão de Lucien.

Fiquei parado, engoli em seco, a moça se aproximou e, abrindo os braços, gritava cheia de alegria:

— Miguel! Miguel! Sou eu, Lucien!

Ela agarrou-se ao meu pescoço chorando, ficamos abraçados por um tempo. Chorando, ela me apresentou:

— Este é meu filho, este é meu irmão, que você já conhece, mas a surpresa maior está por vir. Miguel, olhe bem para esta senhora e repare se você não se lembra dela!

Meu Deus, pus a mão no coração. Aquela senhora era a minha benfeitora, foi ela quem me comprou no mercado do sofrimento; com algum sacrifício pelo uso da bengala, ela se aproximou de mim e, abrindo os braços, disse-me:

— Miguel, me dê aquele abraço que eu sempre quis receber de você!

Esqueci-me que um dia fui o escravo Miguel, abracei-me a ela como se fosse minha mãe. Ficamos olhando um para o outro sem dizer nada, tínhamos os olhos cheios de lágrimas. Ela me apresentou o filho, que agora me fazia lembrar o meu senhor, o irmão dela.

Lucien continuava a meu lado, apertando a minha mão. Dalva e toda comunidade olhava para aquela gente sem entender nada.

Convidei-os para virem sentar-se à sombra e beber água fresca. Chamei Dalva e os meus filhos e os apresentei a elas. Eu estava abalado, mas vi que Dalva tremia dos pés a cabeça.

— Miguel, será que nós não vamos incomodar vocês? — perguntou Lucien.

— De forma alguma, apenas não temos o mesmo conforto a que vocês estão acostumados — respondi.

Lucien suspirou fundo e disse-me:

— Sonhei tanto com esse dia, que continuo achando que é um sonho vê-lo novamente. Temos muitas coisas para lhe contar, algumas notícias alegres e outras tristes, mas, enfim, estamos aqui.

— Miguel — disse Lucien —, faz três meses que vim do Brasil, aconteceram muitas coisas por lá. Graças a Deus, meu marido e meu pai agora estão livres; eles estiveram presos por três anos. O senhor Silvério foi preso e deportado, juntamente com outros homens. O meu cunhado, apesar de todas as acusações, conseguiu ficar livre, foi a nossa sorte. Ele cuidou da fazenda e da nossa família, a minha tia cuidou da minha mãe e o meu tio ajudou meu irmão nos negócios do nosso pai. Passei momentos amargos em minha vida, não tinha notícias da minha família, ficamos incomunicáveis, foi por isso que não voltamos para buscá-lo, conforme combinamos. Eu sei que você está aflito por notícias dos seus amigos e dos seus filhos, não é mesmo?

Bem, os seus filhos continuam na fazenda, estão todos crescidos e fortes, mas o Josué e a Marcela faleceram, apesar de todos os cuidados que meu cunhado prestou a eles; foi uma febre que deu por lá. A Nalva também faleceu, Miguel, da mesma moléstia, Ritinha cuidou de tudo.

O padre Artur foi enviado para o Brasil, ele é acusado de conspirar contra a coroa portuguesa; a organização luta para libertá-lo das acusações, só Deus sabe o que vai acontecer a ele.

Com a saída do senhor Silvério e dos outros homens da organização, parece-me que deixaram um pouco de lado a perseguição, talvez o padre seja libertado. Recebemos a licença de poder viajar e de receber e trazer pessoas e parentes de outros países, desde que tenhamos a permissão, por isso, antes de virmos até aqui, já conseguimos a autorização para você regressar conosco ao Brasil.

A minha antiga sinhá brincava com meu filho de sete anos; chamou-me atenção dizendo:

— Ele tem a sua carinha quando chegou em nossa casa. Olho pra ele e é o mesmo que ver você pequeno.

Ela prosseguiu falando:

— Vejo, Lucien, que Miguel é o mesmo de sempre, ele sabe espalhar felicidade por onde passa, formou uma bonita família.

Acomodamos todos nas casas dos nossos irmãos, voltei para casa acompanhado de Lucien, seu filho e seu irmão. Dalva mantinha-se em silêncio em todo o trajeto.

Em casa tratou de fazer o melhor para as visitas, ferveu água para o banho deles, arrumou lençóis limpos, caprichou na arrumação da mesa e da comida.

Após o jantar, ela me pediu:

— Luis, leve as visitas para a sala, acredito que a moça tem muitas coisas para lhe falar. Eu vou cuidar das crianças e arrumar a cozinha.

O rapazote, filho de Lucien, e o tio foram deitar-se, estavam cansados da viagem, eu fiquei sentado com Lucien, ela numa rede e eu em outra. O céu estrelado e a brisa da noite me traziam o passado de volta. Lucien estava ali na minha frente, minha pequena e doce criança.

Ela me relatava pessoas, lugares, objetos e acontecimentos, eu me via em cada história por ela contada.

Já era tarde quando entramos para dormir. Dalva me esperava acordada e, assim que me viu, foi me perguntando:

— Eles vieram te buscar, não é mesmo? Se fosse alguns anos atrás, eu seguia com você, mas agora temos cinco filhos, não posso levá-los nem deixá-los, Luis.

Abracei Dalva e respondi com serenidade na voz:

— Não deixaria você e os nossos filhos por nada neste mundo. Fique tranqüila, eu não vou embora com eles. A minha vida está aqui, eu sou Luis, como você bem sabe. O Miguel que eles buscam não está aqui, ficou lá no Brasil em cada gota de sangue dos meus pobres filhos. Já conversei com Lucien. Se eles desejam me ajudar, que façam alguma coisa por meus filhos e irmãos de sorte, como a Ritinha, que continua lá no cativeiro.

Dalva suspirou fundo, me abraçou e reparei que duas lágrimas desciam dos olhos dela.

Três dias depois, Lucien me abraçava com os olhos cheios de lágrimas; ela prometeu pelo menos uma vez por ano mandar notícias suas e do meu povo, e levar para o Brasil as minhas notícias também. Além de muitas coisas, entre sementes de flores, pequenas peças esculpidas em madeira, também levou as minhas cartas, cartas que ia ditando e ela escrevendo.

Mandei para meus filhos a seguinte mensagem:

"Meus filhos, eu estou longe de vocês, fisicamente sou livre, vocês podem até pensar: nosso pai nos abandonou, nos deixou no cativeiro. A minha alma continua cativa pela saudade que sinto de vocês; me sinto algemado, pois nada posso fazer para libertá-los dessa cadeia humana. Daria gota por gota do meu sangue, se pudesse salvá-los. Só Deus nos livrará, meus filhos, desse poço de sofrimento cavado pelas mãos dos homens; somente Deus, e Nele devemos ter fé.

"No entanto, meus filhos, eu me conformo em saber que dos senhores que conheci no cativeiro, além daquele anjo que Deus levou para o céu, esse senhor a quem vocês pertence é um bom homem.

Vê vocês como gente, sei disso porque ele foi e será sempre o meu senhor, pois cada um de vocês que ele alimenta e ampara é a mim que ele está amparando.

"Eu amo vocês, quero que saibam disso, não é a liberdade que nos ensina a amar, é o coração. Digo a vocês: no cativeiro, sonhava com a minha terra, com o meu povo, com a minha liberdade. Na minha terra, no meio do meu povo, com a minha carta de alforria nas mãos, sendo um homem livre, eu implorei a Deus e a nossos orixás: daria tudo para voltar ao cativeiro e permanecer ao lado de vocês.

"O tempo passou, meus filhos, e eu me senti tão só que fiz muitas besteiras na vida, cheguei a beber a ponto de cair, mas como Deus não abandona nenhum dos seus filhos; eu conheci uma moça chamada Dalva, ela realmente lembra a estrela Dalva na beleza e no brilho do coração. Ela me deu forças e eu me levantei, consegui superar muitas coisas."

"Temos cinco filhos, que são os seus irmãos: Miguel, Joana, Luiza, Mário e Silvério. Em cada um de seus irmãos eu vejo vocês. Quem sabe um dia, mais adiante, a gente não venha a se encontrar? Vamos rezar, eu fiquei mais de 35 anos para reencontrar o meu pai, quem sabe se ainda não nos veremos?

"Mas, se isso não acontecer, lembrem-se de que aqui vocês têm uma casa, terra para trabalhar e irmãos para ajudá-los. Façam o melhor possível nas suas tarefas, sejam corretos, honestos e pacientes. Se Deus permitir e vocês adquirirem a liberdade, podem vir viver conosco, vamos esperar pela vontade de Deus.

"Ah! Não deixem de acreditar em Deus, vão à missa e também obedeçam os conselhos dos nossos guias mestres; o homem só se mantém em pé pela força que recebe de Deus.

"Jamais vou esquecê-los; cada um de vocês é uma gota do meu sangue que alimenta outros corações. Abençôo todos vocês, vivo em cada um de vocês."

Carta que enviei para Ritinha:

"Minha querida irmã, minha companheira de sofrimentos e alegrias, como gostaria de lhe dizer isto pessoalmente!

"Ritinha, uma parte de nossa vida se foi, para viver outra história de vida, e tenho fé de que ela já faz parte de uma família livre e feliz. Como senti a morte de Nalva! Deus sabe como eu a estimava... Fico imaginando como você sentiu e continua sentindo a falta dela. Procure abrigo para sua dor nos conselhos dos nossos guias de luz.

"Depois de tanto anos, quando não acreditava mais ver ninguém do meu passado, eis que me surge a nossa boneca de louça, trazendo tantas alegrias e algumas tristezas.

"Vou contar para você em poucas palavras o que tenho feito da minha vida: assim que cheguei, vi que nada era como antes, tudo havia mudado, as casas, o povo, e até os nossos costumes antigos.

"Encontrei novos irmãos, a minha mãe casou-se novamente — viveu o resto da sua vida acreditando que o meu pai havia morrido, como disseram a ela. Sei que sofreu muito, pena que só pude tocar em seu túmulo, ela não pôde me esperar. Conheci seu marido, um homem bondoso, honesto e muito justo, que ajudou a criar meus irmãos.

"Foi maravilhoso ir encontrando os parentes. Fiquei na nossa aldeia com a promessa de seis meses depois o meu senhor passar e me levar de volta. Mas, como nem sempre é feito conforme a nossa vontade, mas a vontade do Pai Maior, tudo mudou em meu destino.

"Juro, Ritinha, eu daria tudo, tudo e tudo para voltar ao Brasil, a minha vontade era morrer para sair do tormento que arrastava a minha alma.

"Estava livre, tinha uma família, tinha posses e me faltava tudo, me faltava vocês. Sei que dei um bocado de trabalho aos meus irmãos, comecei a beber e a fazer besteiras, até um dia que conheci uma luz enviada por Deus para me salvar da escuridão onde estava.

"Dalva, esse é o nome dela, sei que você gostaria muito dela se pudesse conhecê-la. É dedicada, doce e muito bela. Eu que jamais havia me entregado ao amor de uma mulher, me entreguei de corpo e alma a ela. Encontrei forças para viver e lutar, confesso que aos poucos fui até me distanciando das lembranças que vivi como Miguel. Voltei a ser quem eu era: Luís Fernando.

"Temos cinco filhos: Miguel, o meu filho mais velho com Dalva, em memória a nossa avó Joana. Joana, a minha segunda filha, também em memória dela. Luiza, a terceira, foi Dalva quem escolheu o nome, era o da mãe dela. Mário, o nome do nosso senhor que sempre foi muito bom com a gente, e Silvério, um rapaz que me ajudou muito. Ele chorou por mim, sei que foi condenado aí no Brasil. Jamais poderei esquecer a sua imagem forte e serena, em sua pele clara ele via os negros da sua cor.

"Tenho uma boa casa, animais, terras onde planto e colho todos os anos. Hoje, minha querida irmã, apesar do meu coração estar dividido ao meio, eu não posso partir deixando para trás aqueles que são pedaços de mim.

"Lucien me prometeu pelo menos uma vez por ano trazer e levar notícias. Continue vivendo, Ritinha, lute pela sua felicidade, continuamos juntos nos pensamentos e nos corações.

"Por favor, peça permissão ao nosso senhor para que todos os meus filhos escutem o que escrevi a eles. Lucien me prometeu que vai ler as cartas para vocês. Guardem essas cartas, um dia elas poderão ajudar meus netos, bisnetos, tataranetos e adiante. Aqui eu vou lutar muito, quero juntar alguma coisa para deixar para os meus filhos e seus filhos. Quem sabe no dia em que for dada a liberdade para todos os escravos, muitos dos meus parentes não possam vir para cá? E, vindo para cá, eles vão ter onde plantar, morar e viver em paz.

"Com o coração ardendo de saudades eu mando lembranças aos meus irmãos de cor. Ficarei olhando as estrelas se cruzarem no céu e imaginando que elas estão indo para o Brasil. As noites daqui são parecidas com as do Brasil, os vaga-lumes passam pela gente, mas nossos olhos vão mais longe.

"De qualquer forma, Ritinha, quero que saiba que estou bem, muito bem, tenho os meus momentos de tristeza, mas também momentos de muitas alegrias.

"Deus abençoe você, receba um forte abraço desse irmão que te quer muito bem.

"Ah! Não deixe de cuidar do túmulo da vovó Joana e do meu pai. Deus te recompense por isso."

A minha antiga sinhá, tão bondosa como sempre, fez questão de presentear Dalva e meus filhos; nos abraçamos com os olhos cheios de lágrimas, senti naquele momento que jamais tornaria a vê-la; no seu abraço, senti um adeus.

Eles partiram e eu fiquei com um aperto no coração. Pensava: "Será que as minhas cartas chegariam até o Brasil?" Que felicidade, Deus. Só de pensar que os meus filhos saberiam de mim aliviava a minha alma do remorso.

Eu precisava andar um pouco, chamei o meu filho Miguel e disse-lhe:

— Avise sua mãe que vou até o cemitério olhar o túmulo da minha mãe — e assim fiz.

Sentei-me lá num cantinho e fiquei pensando na vida: "Meu Deus! Um homem precisa ser muito forte para resistir a tantas coisas nesta vida". Me lembrava das palavras da avó Joana: "Filho, é o espírito que anima o corpo a viver, nós não suportaríamos viver sendo castigados, humilhados, desprezados se não houvesse a força do espírito sobre nós, por isso jamais desanime de andar".

"Com todo o sofrimento e toda a provação que tivermos de enfrentar nesta vida, temos de alimentar bem nosso espírito com muitas orações, a fim de fortalecer e preparar o corpo físico para a luta do dia-a-dia."

Eu tentei me afastar do passado, tentei esquecer aqueles que ficaram para trás, mas a própria vida me trazia de volta todas as lembranças, e as lembranças agora me enchiam de saudades. Eu não queria admitir, mas no fundo, se pudesse, iria correndo para o Brasil me entregar à vida como Miguel.

Lembrava-me do sonho que tive com a minha avó Joana, eu agora era um pássaro, precisava ficar no ninho, alimentando e protegendo os meus filhotes e sua mãe.

Se essa era a vontade de Deus, que fosse feita a Sua vontade e não a minha. Levantei-me, ajoelhei-me na cova da minha mãe e do meu avô, pedi perdão em pensamentos a eles dois. Pensei comigo: "Um homem não pode e não deve correr atrás dos mortos nas horas que precisa resolver seus próprios problemas; eles tiveram tantos ou mais problemas do que eu".

Voltei mais tranqüilo para casa, meus filhos brincavam correndo em volta da nossa casa e Dalva costurava nossas roupas; fiquei observando de longe e prometi: "Eles merecem ser felizes e eu tenho obrigação de fazer isso por eles".

Fui até onde estava Dalva, abracei-a sorrindo; logo meus filhos estavam pulando à minha volta, todos falando de uma só vez. Ali estava a minha vida, ao lado deles terminaria meus dias.

Dalva me olhou preocupada e perguntou:

— Está tudo bem, Luis?

— Sim, está tudo bem, Dalva. A nossa vida continua, você é o meu presente, e como dizem nossos guias: "Devemos amar e valorizar o nosso presente, pois ele é a certeza do que já passamos pelo passado; é o nosso presente que nos estimula para um amanhã melhor".

Assim continuamos nossa conversa, falamos dos amigos que se foram, da esperança de voltar a reencontrá-los e receber notícias dos meus filhos brasileiros.

Já escurecia, os garotos foram se banhar a mando da mãe, e ela levantou-se, dizendo:

— Vou preparar nossa comida, você também se banhe para vir comer e descansar. Nesses últimos dias, você não tem parado um minuto, Luis.

Fiquei sentado observando o crespúsculo. A primeira estrela apareceu no céu, fechei os olhos e fiquei relembrando os tempos na fazenda do senhor, via a imagem de avó Joana chegando da mata, enquanto eu arrumava os arreios dos animais ou preparava as minhas ferramentas. Lembrei-me de quando estive na fazenda do pai adotivo de Lucien, enquanto eu rachava angico aquela estrela vinha brilhando com os últimos raios do sol.

Os anos haviam se passado tão depressa! Eu já estava ficando velho e cansado. Os meus amigos estavam morrendo... Nalva havia morrido, uma criatura iluminada e bondosa, foi mais que uma irmã para mim, me ajudou tanto, tanto. Ela teve um filho meu, aquele gerado sob o chicote do senhor que me deu liberdade e que me ajudou a voltar para casa... Como essa vida era misteriosa, meu bom senhor de hoje foi o meu maior algoz do passado. "Pois é... o diabo de ontem poderá ser o anjo de amanhã", assim diziam nossos guias mestres. Eu podia atestar isso como sendo verdadeiro, pois aquele senhor que me tornou um ser infeliz, agora trocava a sua vida pela minha felicidade.

CAPÍTULO XXI

ALEGRIA

Já fazia mais de dez meses desde que Lucien tinha ido embora levando minhas cartas. As estradas já estavam secando, fazíamos as nossas farinhadas. Era tempo de festas — no inverno ficávamos tão isolados que me fazia lembrar pássaros no ninho chocando. Abria o sol, começavam secar as estradas e homens, mulheres e crianças queriam se divertir, brincar em todos os dias livres e nas noites enluaradas.

Era um domingo ensolarado, estávamos reunidos na frente da igreja comendo nossos bolos e beijus de mandioca e bebendo nossa aguardente de cana quando os garotos que brincavam nos arredores voltaram correndo e ofegantes.

— Está chegando uma carroça de aluguel!

Paramos nossa brincadeira e nos preparamos para receber quem quer que fosse que estivesse chegando. Fiquei curioso e ao mesmo tempo tenso, imaginando se não era Lucien ou outra pessoa da parte dela.

A carroça parou e vimos descer um homem vestido com simplicidade, barba grisalha e comprida, chapéu preto na cabeça e um pequeno baú na mão. Aproximou-se mais de nós e falou alto:

— Não me reconhecem mais?

— Meu Deus! É o padre — gritaram as mulheres.

Os homens, tanto quanto eu, estávamos surpresos com a aparência do nosso antigo padre; seria ele mesmo?

Demonstrando cansaço, ele sentou-se no chão, tirou o chapéu, colocando-o à altura do coração e, reparando em direção da pequena capela, disse em voz alta:

— A casa do meu Pai está mais bonita do que quando a deixei! Meus irmãos em Cristo, muito obrigado por terem zelado pelo santuário do nosso Pai. Se vocês me deixarem ficar aqui, eu volto a zelar por ela e por vocês em nome do Dele. Vocês não imaginam como sonhei com este dia. Na prisão, perdi toda e qualquer esperança de tornar a vê-los, e no entanto, pela vontade do Pai eu estou aqui... Sim, eu estou aqui, obrigado Deus, obrigado meus irmãos.

Recebemos o nosso padre com todo carinho e respeito, pois ele sempre respeitou nossas leis e costumes religiosos. Ele nunca disse a ninguém: a sua fé está errada! A nós, ele dizia: "Deus é Pai em qualquer lugar. O que diferencia nossos louvores a Deus é apenas a nossa cultura".

Ele nos revelou toda sua agonia, a morte dos seus companheiros, as traições que sofreram entre eles. Me fez lembrar que no nosso meio também os negros traíam os outros negros. O branco não era diferente, também traía seu irmão.

Nos mostrou algumas cicatrizes espalhadas pelo corpo, que o Brasil parecia estar em guerra a qualquer momento. Explodiria uma catástrofe. Falou-nos da situação em que viviam os escravos, brigas, lutas e muitas fugas entre eles. Eles começavam a se libertar sem a carta de alforria, fugiam em grupo e fundavam quilombos espalhados aqui e ali.

Os senhores estavam perdendo controle da situação, existiam fazendas inteiras que eram povoadas por irmãos, ou seja: quase todos os filhos eram do mesmo pai (o reprodutor); eles estavam se rebelando e os senhores perdendo força, a população negra ultrapassava a branca.

O Brasil estava oferecendo vantagens e mais vantagens a qualquer estrangeiro branco que desejasse tentar a sorte. Os pais negociavam casamento para seus filhos com as moças estrangeiras. O comércio de escravos diminuiu, e os brancos perdiam forças.

Havia organizações secretas em que brancos e negros libertos se reuniam para negociar a vida dos escravos. O movimento crescia dia a dia, as autoridades estavam perdendo o controle, os negros avançavam; na previsão do padre, a escravidão estava com seus dias contados.

Virando-se para mim, disse:

— Luis, eu fui ajudado por seus antigos senhores. Esses senhores, que hoje são os braços fortes do movimento de libertação dos escravos. Assim que fui absolvido, já embarquei imediatamente, não para fugir e me esconder, mas fazer o intercâmcio entre os negros e brancos nesse movimento de libertação. Como dizem os deuses de vocês, eu devo ter sangue de negro, não descansarei um só minuto de lutar por igualdade e justiça entre os homens. Não vejo um Deus branco e outro Deus negro, vejo apenas um Deus para todos nós. Não pude trazer cartas escritas para você, Luis, mas sou uma carta falada. Eu não poderia sair deixando suspeitas sobre o meu paradeiro até aqui junto a vocês. Muitas coisas mudaram por lá, a fazenda já não está produzindo tanto como no seu tempo. Os escravos foram reduzidos, ou seja: foram morrendo, envelhecendo e não podendo mais trabalhar; não houve reposição. Todos seus filhos continuam lá, servindo aos senhores; para alguns deles os senhores arrumaram casamentos, e disse-me Ritinha que você ja é avô, por parte do seu filho com Nalva.

— Como está Ritinha? — perguntei.

— Me pareceu bem, uma senhora franzina que começa a pintar os cabelos de branco. Ela me disse que guarda suas cartas a sete chaves, mas que todos os dias toca nelas e reza por você. Os seus filhos todos ouviram as suas palavras, todos eles se orgulham de você. Se orgulham de saber que o pai é um homem livre, um homem que soube viver e lutar; você é um herói para eles. Ritinha também mandou lhe dizer que ela cuida do cemitério onde repousam os seus. Disse-me que, nas noites de lua clara, fica sentada embaixo daquela palmeira, olhando para as estrelas no céu e observando os vaga-lumes que passam por perto dela e pensa em você.

— Agora, vamos aos recados de Lucien: ela lhe prometeu que faria todo o possível para não perder o contato com você, mas as coisas não são como a gente quer. O filho dela, aquele garoto forte e inteligente que você chegou a conhecer, caiu tuberculoso. Ela trata dele dia e noite, nesses dois anos foi impossível ela viajar até a França. Mas vamos fazer o possível para não perdermos o contato, mesmo que demore um pouco para as notícias chegarem. Ela está bem, só muito preocupada com o filho, e o pai dela, o seu antigo senhor, agora faz morada definitiva no Brasil. Disse já estar velho e cansado e por isso não agüenta mais fazer essas viagens longas. Mandou muitas lembranças e também um presente que está guardado no meu baú. Aliás, me arrisquei, mas trouxe os presentes que Lucien, Ritinha e o senhor lhe mandaram.

Puxou o baú e abriu; na sua lateral havia um estojo de veludo vermelho que jamais sonhei ter em mãos e mais dois embrulhos.

— Pode abrir — disse o padre.

O estojo vermelho continha uma navalha talhada em ouro e prata. Era do meu antigo senhor, fiquei pasmo, pois eu conhecia aquela peça.

O padre, então, disse:

— Ele disse já não fazer mais barba, agora tem a barba longa e branca então resolveu dar a você de presente.

Lucien enviou-me uma camisa toda feita e bordada à mão, uma relíquia. Ritinha me enviou um punhado de sementes de cravos e flores variadas que eu espalhei por nossa aldeia; até os dias de hoje as sementes enviadas por ela enfeitam e embelezam a nossa terra, alimentam pássaros, borboletas e abelhas. Mandou-me também uns panos bordados a ponto-cruz representando os frutos, pássaros e flores.

Fiquei alegre por receber tantas coisas boas, e a notícia de ser avô! Só fiquei triste por saber da situação do filho de Lucien.

O padre reassumiu a vida na igreja, nós ganhamos com a sua volta, pois ele nos ensinava muitas coisas novas a respeito do cultivo da terra. Falava de suas experiências com Deus e nos animava com suas palavras de esperança. Andava incansavelmente pelas redondezas instruindo e incentivando nosso povo. Desde que retornou, todos os sábados ele ia assistir a nossos trabalhos, era um orgulho para nós. E aos domingos íamos assistir à sua missa; do mais velho ao mais novo da aldeia tinha um compromisso marcado no domingo: a missa.

Assim passaram-se três anos: recebi notícias do Brasil duas vezes nesse período. Meus filhos crescidos, Miguel estava um rapazinho, Joana já despontava como um botão de rosa entre menina e moça.

Enterrei mais dois membros da minha família, mas o consolo sempre vinha com as palavras dos guias e do nosso padre — esse me parecia muito cansado. Nos últimos dias notei que ele andava arquejando, preparei-lhe algumas ervas e recomendei que ele tomasse direitinho, mas não vi muita melhora.

Como tudo o que está escrito por Deus, nós não podemos apagar, dois meses depois o nosso padre caiu de cama e não se levantou mais. Fizemos de tudo por ele, mas não adiantou. Ele foi escolhido por Deus e nós choramos muito a sua falta.

Com a morte do padre, o contato com o mundo exterior acabou para nós. Entrava o inverno e vinha o verão e nunca mais recebi notícias daqueles que faziam parte da minha vida.

Miguel casou-se, construiu uma casa perto da nossa; Joana e Luiza também casaram-se e foram morar em outra aldeia, vizinha à nossa. Mário se preparava para casar e Silvério era quem cuidava de tudo; ele sempre teve muito jeito para tocar os negócios.

Eu passava a maior parte do dia andando entre o pomar e a horta, preparava alguns remédios para os doentes e andava devagar, as forças já não me ajudavam a fazer esforços físicos.

Os cabelos estavam quase todos brancos, deixei a barba também crescer, mas ainda guardava como uma relíquia o estojo vermelho com a navalha, presente do meu senhor, e a camisa bordada à mão que ganhei de Lucien. As flores de Ritinha, como ficou conhecida entre nós, cobriam toda a aldeia. Eu me orgulhava de tudo isso.

Um dia eu enfeitei e enriqueci a nossa aldeia com os frutos do dendê, agora a nossa aldeia se enfeitava com as flores de Ritinha. Como eu gostaria de mandar dizer isso a ela. Ela ficou famosa em nossa aldeia, as mais lindas flores da aldeia eram as flores de Ritinha. Nasceu o meu primeiro neto, filho de Miguel. Dalva, toda orgulhosa, o colocava em meus braços e dizia:

— Olha, Luis, que menino lindo! Não parece o nosso Miguel quando nasceu? — Eu olhava para meu neto e não podia conter as lágrimas; pensava em quantos netos eu devia ter sem poder tocar, nem mesmo vê-los.

Dalva, entendendo o que se passava comigo, bateu nas minhas costas e disse-me:

— Não chore, Luis, Deus lhe deu este para você abraçar. E dentro do seu coração ame a todos aqueles que estão longe.

Os dias e as noites pareciam longos demais para mim, já não sonhava como antes. Dificilmente descia o morro para festejar com a nossa comunidade — as festas que continuavam sendo feitas segundo nossos costumes. As pernas já não ajudavam. Quando ia à praça da igreja era sempre montado numa mula. A igreja agora era cuidada por nossas mulheres, elas rezavam seus rosários, faziam suas penitências, continuava sendo um lugar sagrado, tanto quanto o terreiro dos nossos orixás.

Eu fiz as contas, já haviam se passado mais de trinta anos que tinha deixado o Brasil, com certeza eu já tinha sido esquecido por todos. Será que a fazenda ainda pertencia aos senhores? Será que meus filhos e meus netos foram vendidos? Será que Ritinha ainda vivia? Quem me dera pelo menos sonhar com ela. Se estivesse viva deveria estar como eu, velha de cabelos brancos e cansada. Engraçado, eu não conseguia imaginá-la velha, guardava a fisionomia dela como moça.

Silvério também casou-se, cada um dos meus filhos homens fez a sua casa perto de mim; eu falei para Dalva:

— Pois é, minha amada, estamos novamente os dois sozinhos, do jeito que começamos a nossa vida.

Dalva apertou a minha mão e respondeu-me:

— Nós somos felizes, e quem é feliz resiste e supera a tudo. Vamos superar a falta dos nossos filhos vivendo um para o outro.

No ano seguinte, uma noite em pleno inverno, Dalva acordou com febre alta, dor de cabeça e tonturas. Corri a lhe preparar um chá com erva e raízes apropriadas para tal fim. A febre baixou, ela dormiu um pouco eu me aquietei dando graças a Deus.

Só de pensar que pudesse acontecer alguma coisa a ela, doía por dentro; pedi a Deus de todo o meu coração:

— Senhor, por favor não tire a Dalva antes de mim, me leve primeiro. Eu suportei tudo nesta vida, fiquei longe daqueles a quem amei e resisti por causa dela, mas sem ela eu não iria suportar viver.

Horas mais tarde, ela acordou delirando, a febre tinha voltado mais alta. Passei o resto da noite pelejando com ela. Nossos filhos chegaram, toda comunidade a veio nos ajudar, nossos guias cuidavam dela e de mim.

Eu chorava debruçado na cama, não queria comer, não queria nada, eu precisava salvar a minha vida, que era a Dalva. "Deus não pode fazer isto comigo", explodi em voz alta.

Os meus filhos me amparavam, me animavam pedindo calma e fé. Assim lutamos com a doença oito dias e, por fim, a morte venceu. Dalva faleceu ali na minha frente sem que eu pudesse fazer nada!

Nem sei dizer como me senti naquele dia, até hoje não encontrei palavras que pudesse descrever meus sentimentos de tristeza e desespero.

— Deus levou a minha alma, o meu coração, por que não levou-me de vez?

O que sobrou de mim foi apenas a consciência do que ainda estava num corpo vivo que não queria viver.

Eu não tinha mais vontade de nada, tudo o que eu queria era morrer e acabar de vez com todo o sofrimento chamado vida. Tentava rezar, mas uma dor invadia a minha alma. Deus não tinha misericórdia de mim, superei todas as perdas e injustiças da minha vida, mas perder Dalva foi a maior de todas elas.

E assim, vivendo por viver, todos os dias ia ao cemitério e ficava lá horas e horas olhando o vazio e ouvindo apenas o eco do vento. Passou-se um ano desde a morte da Dalva.

Uma tarde eu estava sentado na minha rede, meu filho, minha nora e os dois netos tentavam me alegrar com suas brincadeiras. O meu neto mais velho gritou:

— Olha pai, olha vô, tá chegando um povo!

O meu filho virou-se e disse:

— É verdade, pai, ainda estão longe, mas dá para ver. São dois homens brancos e três negros.

— Eu não estou gostando nada dessa história de brancos estarem vindo tanto aqui na nossa aldeia, toda semana agora é isto! Falam que vêm comprar nossos tecidos, eu não sei não... — comentou a minha nora, desconfiada.

— Ora, Lucia, vamos esperar para ver o que eles querem — Respondeu meu filho.

Ficamos em silêncio, eu já não enxergava de longe, minha vista estava fraca. Meu neto correu e entrou na rede, ficando abraçado comigo.

Os homens chegaram e deram boa tarde; um deles perguntou ao meu filho:

— O senhor Miguel, está?

Meu filho respondeu:

— Eu sou Miguel.

— Perdão, eu queria dizer, o senhor Luís Fernando — disse o homem branco.

— Luís Fernando é o meu pai, esse senhor que está na rede — disse o meu filho Miguel.

— Bem, Miguel, o que me trouxe até aqui são questões de família. Faz uma semana que cheguei do Brasil, sou o filho de Lucien e esse é o meu tio. Conhecemos o seu pai quando éramos muito jovens, mas ainda me recordo de alguma coisa em suas feições.

Como se uma força misteriosa tomasse conta de mim, me ergui de uma vez!

— Meu Deus, o filho de Lucien está aqui? Ela está bem? Onde ela está?

O moço aproximou-se de mim e me abraçou dizendo:

— Minha mãe está bem, ficou no Brasil.

Acho que depois da morte de Dalva foi a primeira vez que sorri. Olhando para o irmão de Lucien, me recordei do casaco que ele me deu. Ele me abraçou sorrindo.

Olhei para aqueles três negros e senti um aperto no coração. Quem seriam? Eles me lembravam rostos conhecidos e queridos.

— Eu trouxe uma surpresa para o senhor, mas não é para ficar emocionado demais. —Pegou um copo de água que a minha nora ofereceu a ele e deu-me para beber. — Não precisa ficar nervoso, esses três rapazes aí são seus filhos.

Não precisei perguntar nada, o coração de pai não se engana, abracei meus três filhos de uma vez, chorei com tamanha alegria, que somente quem passa por um momento desses pode entender o que é chorar de alegria.

Eles choravam agarrados a mim. Quando nos separamos, eu sentei na rede e eles se ajoelharam perto de mim. Eu olhava o rosto de cada um deles, meus filhos, meus filhos...

— Miguel, meu filho, abrace seus irmãos. Tome a bênção dos seus tios — gritei para o meu neto. — Chamem os outros! — gritava para a minha nora.

— Os meus filhos estão aqui! Os meus filhos estão aqui! — Eu não parava de gritar em voz alta.

— Pai — chamou-me um deles — o senhor nem perguntou os nossos nomes!

— É verdade, filho, estou tão emocionado que nem me lembrei de perguntar o nome de vocês.

Apontando para um, ele disse:

— Esse é o Pedro, filho de Nara; Carlos, o filho de Macu; e eu sou João, o filho de Nalva. Pai, de cada um dos seus filhos e dos seus netos eu trouxe um recado. Nós três ganhamos liberdade, pai! Somos homens livres. Trabalhando e recebendo ajuda dos amigos das organizações que ajudam a libertar os escravos, já conseguimos carta de alforria para dez dos nossos irmãos.

— Nossos filhos, pai, já nascem livres. Em breve nós vamos estar com toda a nossa família junta. Hoje, os que continuam na fazenda do senhor, vivem praticamente em liberdade. Trabalham para ele, mas são bem tratados e respeitados. Passam todos os domingos conosco, eles e seus filhos.

As minhas horas, que eram tão demoradas, agora voavam, corriam, já anoitecia e eu não queria largar meus filhos. Eu precisava saber de tudo e, em poucas horas, já sabia o que eles faziam. Um era ferreiro, trabalhava para o senhor, o outro era capataz da fazenda do senhor, o outro era vaqueiro do senhor — enfim, eles eram livres, embora todos trabalhassem para o senhor.

A tia Rita, como eles a chamavam, também estava livre. Fizeram uma casinha para ela no alto da colina que ela gostava; ela criava galinhas, porcos, cabra e fazia doces e salgados. As sinhazinhas compravam tudo o que ela fazia, por isso a tia Rita tinha de tudo. Estava de cabelos brancos, mas andava bastante e tinha boa saúde.

O filho de Lucien me disse que ela e o marido eram os novos donos da fazenda. Ele e a esposa ficavam mais na cidade do que na fazenda, Lucien cobrava muito a sua presença diante dos negócios, mas ele tinha um compromisso de honra com o "Tratado de Libertação" e trabalhava na organização, na qual ocupava um alto posto.

À noite, minha casa estava cheia. Eram filhos, noras, genros, netos, sobrinhos, amigos, todos queriam ver de perto os meus filhos brasileiros. Os irmãos se abraçavam, se emocionavam, nunca pensei que o sangue tivesse uma força tão grande. Observando o encontro dos meus filhos descobri isso, mesmo os irmãos de mães diferentes e criados separados, quando se encontram o sangue flui em suas veias.

"Ah! Deus", pensei, "se a Dalva estivesse aqui, como ficaria contente de conhecer os meus filhos e ver a alegria dos irmãos se abraçando pela primeira vez".

No outro dia, meus filhos andaram pelos arredores; os irmãos levaram-nos para conhecer todas as nossas terras, mostraram o local onde eu e o avô deles fomos capturados. Eles ficaram emocionados ao ver o pilão que meu pai não chegou a fazer, mas deixou o tronco no chão.

O tempo voava para nós, fui com eles até o cemitério onde descansavam nossos parentes mortos, mostrei a eles a cova da minha mãe, do meu avô, irmãos, tios, e por fim, chorando, mostrei onde tinha enterrado Dalva.

— Foi ela, meus filhos, que me ajudou a viver, estou aqui porque recebi dela muita força, e muita luz para caminhar. Ela foi, é e será para todo o sempre o grande amor da minha vida. Ela é a minha estrela Dalva.

Meu filho com Nalva ajoelhou-se na cova de Dalva e falou em voz alta:

— Não te conheci em pessoa, mas posso te sentir no coração, é só olhar para o meu pai, para saber quem foi a senhora na vida dele. Muito obrigado pela felicidade que deu ao nosso pai, graças à senhora encontramos um homem lúcido, amoroso, que ainda consegue chorar por amor. Como disse a tia Rita, os anjos descem e sobem em qualquer lugar. O meu pai encontrou anjos na infância, anjos na juventude, anjos por toda parte por onde passou, mas o anjo no qual ele abriu o coração como homem foi com a senhora, Deus a tenha sempre na luz.

Fiquei orgulhoso de ouvir as palavras do meu filho. Ele tinha puxado a Nalva, ela era sábia, bondosa e amiga. Os outros dois tocaram as pontas dos dedos no chão da cova e se benzeram em sinal de respeito.

À noite, em volta da mesa que meu pai havia talhado, nós admirávamos a peça. O filho de Lucien falou:

— Bem, Miguel — perdão, Luís —, é que a minha mãe só te chama de Miguel! Ligo você a Miguel e nunca a Luis. Viemos até aqui com um propósito: gostaríamos de levá-lo para o Brasil a fim de dar um passeio, conhecer os seus filhos, conhecer os seus netos e matar as saudades dos seus amigos. Pensávamos encontrar a sua esposa ainda viva, já havíamos planejado levá-la também, mas infelizmente ela já não está mais aqui, então vamos levar o senhor! O percurso está mais curto, hoje levamos a metade do tempo para chegarmos ao Brasil. O navio bem equipado oferece toda a segurança e todo o conforto. As coisas por lá avançaram tanto que o senhor não vai reconhecer mais é nada! A população aumentou demais, tem gente de várias partes do mundo, casas construídas com todo o rigor. O luxo e o conforto já faz parte do modo de vida brasileiro.

Eu balancei a cabeça negativamente e disse:

— Meus filhos, o que vou fazer no Brasil? Estou velho, não consigo mais caminhar como antes, vou ficar aqui esperando Deus me chamar para o lado dos meus que já se foram. Vou morrer feliz. Conheci os meus filhos, sei que os outros filhos estão se encaminhando para a liberdade; se morresse hoje iria feliz, muito feliz.

— Pai, o senhor pode ir conosco sem medo, as coisas mudaram muito, já não precisamos esperar anos a fio para obter uma licença. As investigações secretas acabaram, o Brasil tem um tratado de paz com Portugal e abriu as portas para a França. Semanalmente vão e vêm navios lotados de estudantes, turistas e comerciantes da França diretamente para o Brasil, já não é preciso dar toda aquela volta às cidades de Portugal.

Os meus filhos angolanos, os meus irmãos e amigos me convenceram seguir viagem com os meus filhos brasileiros. Ao mesmo tempo que temia ir, o coração parecia gritar dentro de mim: "Vai! Vai!"

Recomendando isso e aquilo aos meus filhos, arrumei o meu baú, coloquei a minha camisa bordada na mala — ela já não me servia, pois engordei, mas levava para mostrar a Lucien. Peguei a minha navalha e examinei-a nas mãos. Num instinto, raspei a minha barba branca.

Quando Miguel entrou e me viu, soltou um assobio de espanto:

— Pai, o senhor remoçou dez anos! — Todos me elogiavam, eu me animei em ir com eles.

Colocamos os nossos baús de viagem, eu carregava os rostos de toda a família talhada em madeira, o meu filho Mário puxou ao meu pai, era artista em talhar qualquer obra em madeira.

Ele fez um quadro no qual eu ficava no meio, e todos os meus filhos em volta, até o próprio rosto dele, ele talhou com perfeição. Eu embrulhei e levava para mostrar aos outros como era cada um dos meus filhos.

Levava sementes de algumas plantações novas, tal como flor de beijos dobrados e tecidos coloridos, feitos pelas mulheres da nossa comunidade.

Abracei meus filhos, meus netos, olhei tudo à minha volta: era uma despedida, eu saía por livre e espontânea vontade, já não era um menino amedrontado. Cruzaria novamente o oceano, pisaria novamente no solo brasileiro; ia tocar a cova da avó Joana, ver o túmulo de Nalva, abraçar Ritinha.

O trotar das mulas pela estrada me lembrava o dia em que eu e meu pai fomos colocados em carroças diferentes; eu, amedrontado, não sabia o que estava acontecendo — meu pobre pai, desde o primeiro minuto já sabia qual seria o nosso destino. Ele com certeza sofreu mais do que eu naquele dia.

O filho de Lucien, batendo na palma da minha mão, disse sorrindo:

— Alegria, meu velho! Pense que daqui a alguns dias o senhor estará debaixo daquela palmeira: a palmeira de Miguel, como é conhecida, vendo os vaga-lumes brincando de noite e as estrelas cruzando o céu do Brasil para a África. É assim que a minha mãe nos fala do seu romantismo. A minha mãe já preparou um quarto para o senhor na nossa casa, mas acho que vai dar briga, sei que outra pessoa também preparou um quarto na casa dela para o senhor, a tia Rita!

João entrou na conversa:

— E na nossa casa o senhor tem um cantinho preparado, mas não se preocupe, pai, o senhor vai ter tempo para ficar com todos nós.

A viagem foi ótima, eu era tratado como se fosse um fidalgo. Os meus filhos também eram bem tratados, comiam e bebiam junto aos senhores brancos. Realmente as coisas mudaram, pensava eu, observando eles bebendo, rindo e conversando amigavelmente.

Chegamos ao porto e já tinha uma embarcação à nossa espera. Fomos levados até a beira-mar com nossas coisas. Entramos numa carruagem de luxo, eu fiquei espantado, e perguntei ao meu filho João:

— Que lugar é esse, filho?

— O senhor já passou por aqui, não reconhece mais nada?

— Não, filho, não reconheço nada neste lugar.

Eram casas e mais casas, cada uma mais bonita que a outra. Gente andando de lá para cá, carruagens cruzando de um lado a outro.

Paramos em frente de um portão todo branco. Olhei de um lado para o outro e reconheci a montanha... Então era a fazenda onde passei toda a minha vida como Miguel. Estava diferente, até as árvores eram outras. Chegando mais perto, reconheci a minha palmeira, ela se balançava ao vento, como se estivesse a me dar boas-vindas. Olhei para o lado onde ficava o cemitério, agora era um lençol verde, o jardim da casa grande estava coberto de flores, o perfume se espalhava no ar.

Avistei muita gente em frente da casa, minhas vistas cansadas já não permitiam enxergar de longe. Ao parar as duas carruagens, meus filhos desceram, depois os senhores e, por fim, eu.

Ainda inibido, fui ajudado por meus filhos a descer da carruagem, olhei para um lado e para o outro — estava cercado de gente por toda parte.

Reconheci Lucien. Com os olhos cheios de lágrimas ela me abraçou, o marido dela, o senhor que empregava e cuidava de todos os meus filhos e netos, estendeu-me a mão dizendo:

— Bem-vindo, Miguel, esta casa é sua.

Lucien, segurando minha mão, apontou-me:

— Aí estão seus filhos, netos, noras e genros. São tantos que você precisa sentar-se para não se cansar. Mas antes de tudo tem uma pessoa aqui presente que espera o seu abraço. O meu coração saltou de alegria: era Ritinha, eu a reconheci logo, seus olhos eram os mesmos. Nos abraçamos e ficamos chorando um tempo.

Agora era a vez de abraçar meus filhos e meus netos. Foi uma tarde cheia de emoções e de surpresas. Ritinha pegou o meu baú e chamou meu filho João, dizendo:

— Pode pedir licença à sinhá Lucien e prepare uma mula para levar Miguel até a nossa casa. É lá que ele deve ficar; desde criança sempre ficamos juntos, não seria justo nos separarmos agora que ficamos velhos, não é mesmo, Miguel?

Aquele nome soava tão bem dentro de mim; parecia que nunca tinha saído dali. Estava em casa, o cheiro da tarde, o céu avermelhado, o vento forte, tudo me era familiar.

Eu também quis ficar com Ritinha. Montado numa mula, atravessei o lençol verde que encobria o cemitério dos escravos. Paramos lá em frente e Ritinha disse-me:

— Está tudo muito limpo e bonito, temos uma capela dentro do cemitério, a sinhá e o senhor mandaram construir para os nossos antepassados. Senti o cheiro das ervas e uma grande saudade do meu pai e daquela que foi um anjo na minha vida: avó Joana. — Hoje já está tarde, mas amanhã você vai estar mais descansado e a gente pode vir até aqui com bastante calma. — Não precisa se apressar mais para nada, eu é que preciso ter certeza de que não estou sonhando.

Na casa de Ritinha, me senti plenamente à vontade. Estirei-me no colchão de folhas de bananeira seca e ela me trouxe um preparado para tirar dor e cansaço das pernas.

Como dois irmãos, ficamos conversando noite adentro; os galos já cantavam quando ela me dissse:

— Tente dormir e não se apresse em acordar amanhã. Vamos ter todo o tempo do mundo para continuar a nossa conversa.

Demorei um pouco a dormir, fiquei ouvindo os galos cantarem, as corujas se comunicavam com seus cantos tristes. Vencido pelo cansaço, acabei dormindo. Logo estava sonhando que encontrava meu pai; ele estava muito bem disposto, vinha ao meu encontro sorridente e me dizia:

— Filho, você não pode reclamar de sua sorte. Se há homens felizes neste mundo, você é um deles. Então, filho, achou muita diferença no lugar? Eu e sua mãe estamos muito felizes por você.

Eu perguntei a ele:

— Onde está minha mãe? Eu preciso vê-la! — Ele me apontava uma moça meiga, com um sorriso franco.

Ela abria os braços para mim e dizia-me:

— Luis, meu filho, que alegria poder abraçá-lo.

Meu pai me chamou, e quando eu me virei, lá estava ela! A minha querida, a minha vida, o meu amor: Dalva... Ela me abraçava, eu a beijava e perguntava:

— Dalva, por que você me deixou sozinho?

— Eu não deixei você, Luis, é por isso que eu estou aqui. Continuo te amando como sempre te amei. Estou muito feliz por você; a sua felicidade é minha alegria. Aproveite todos os momentos de sua vida e fique ao lado dos seus filhos brasileiros, assim como você ficou ao lado dos nossos filhos angolanos. Não se preocupe, nossos filhos estão bem, muito bem, você sabe disso. Meu amor, eu gostaria de ficar muito mais com você, mas não posso ser egoísta, tem outras pessoas que querem te ver.

Eu me agarrei a ela, implorando:

— Dalva, por favor, fique, não me deixe! — Ela me beijou no rosto e foi se afastando com um sorriso doce. Estava desesperado, mas ouvi uma voz terna e muito conhecida que me chamava por Miguel, era avó Joana.

— Miguel, meu filho, não seja ingrato para com Deus! Repare, filho, que presente maravilhoso você acaba de receber Dele. Voltou para a terra que viu o seu coração de homem crescer. Está no meio dos seus filhos, ao lado da menina que lhe transmitiu esperança: Ritinha. Encontrou-se com o seu pai e com a sua mulher, tudo isso, Miguel, é motivo para agradecer, e não para chorar. Corri ao seu encontro, me abracei a ela como uma criança que está perdida e encontra alguém muito amado.

— Perdoe-me a minha fraqueza, meu anjo de luz, a senhora tem razão, vê-la me enche o coração de alegria e de paz. Por que a senhora me abandonou por tanto tempo? Eu a busquei tanto, chamei tanto, pensei que nunca mais a veria

— Eu sempre estive ao seu lado, meu filho, você não me via porque estava encoberto pelas nuvens de tristezas e de mágoas. Hoje você pôde me ver porque libertou-se da cortina de tristeza e de mágoas. Miguel, meu filho, nós nunca abandonamos aqueles a quem amamos; o que acontece muitas vezes é que as pessoas a quem amamos não nos permitem chegar perto delas. A nossa vibração, filho, é de luz, paz, calma, esperança, fé, amor e confiança. Para enxergar a Deus precisamos de tudo isso dentro de nós, pois Ele é assim, e nós fomos criados à Sua semelhança. Na tristeza, na mágoa e na revolta não há Deus. Deus está no amor, no perdão, na prece, na luz e na esperança. É assim que você deve se comportar diante da missão que Deus lhe confiou: a sua vida.

Ela me abraçou, beijou a minha testa, e disse-me:

— Durma e, quando acordar, pense em cada um de nós, procure animar-se para a vida. Nós te amamos, e por isso queremos vê-lo sorrir novamente. — Ela foi se afastando de mim devagar, parecia uma santa rodeada de luz com uma expressão serena e bela.

No outro dia acordei devagar, sem abrir os olhos, me lembrava do sonho. Fiquei quieto, não queria abrir os olhos. Quem sabe poderia continuar sonhando?

Desde que Dalva morreu nunca havia sonhando com ela. Foi maravilhoso num só sonho reunir pessoas tão amadas; realmente, o meu sonho foi uma bênção de Deus.

Senti o cheiro de café e abri os olhos, só então me dei conta de onde estava, meu Deus! Eu estava no Brasil, ainda não estava convencido disso, mas era real.

Levantei-me e tossi. Ritinha veio até o quarto e, sorrindo, me perguntou:

— Dormiu bem, Miguel?

— Até demais, Ritinha, e tive um sonho maravilhoso.

— Que bom que você está feliz! Vem, vamos tomar o nosso café.

Enquanto tomávamos café falamos do meu encontro com os nossos familiares. Ritinha baixou a cabeça e me respondeu:

— Miguel, eu aprendi com você a ser feliz. Lembra-se no navio de como você inventava brincadeiras para nós? Lembra-se da época da chegada do senhor, pai de Lucien? Você arrumava um jeito de a gente inventar felicidade, assim eu consegui ser feliz. Hoje eu tenho tudo, liberdade, tranqüilidade, tenho até regalias! Tenho filhos e netos livres. Por que vou reclamar com Deus por alguma coisa que Ele me tirou, se Ele me deu outras tantas coisas maravilhosas? Sabe, Miguel, às vezes nós somos egoístas com Deus, nós só queremos receber e nunca queremos doar nada. E tudo o que nos é dado por Deus não se perde, está seguro, está bem guardado; no tempo certo, na hora certa, Deus coloca de volta em nossas mãos. Eu acredito em Deus e em nossos orixás. Sei que um dia, que já está mais perto do que ontem e muito mais perto do que os anos que ficaram para atrás, eu vou rever os meus entes queridos, é só uma questão de saber esperar e ter confiança na palavra do Pai.

Ficamos trocando idéias sobre a nossa vida presente e o quanto éramos felizes se comparássemos com os sofrimentos dos primeiros negros chegados ao Brasil. Relembramos os nossos sofrimentos e como resistimos a tudo, acreditando exatamente no que estava acontecendo: felicidade, mudanças nas leis para os nossos filhos.

Ritinha me disse que morreu muita gente por causa dessas revoluções pela liberdade e que os movimentos pegavam força a cada dia que passava. Tinha até mulheres brancas e negras se unindo ao movimento.

Ela disse ter ouvido alguns boatos que estava para acontecer uma reforma no país, e que os grupos que lideravam as organizações de libertação da escravatura pretendiam pouco a pouco ir acabando com o cativeiro. Os engenhos de muitas regiões já estavam proibidos de usar troncos e ferros para castigar os negros.

Os castigos haviam diminuído em sessenta por cento, e quarenta por cento dos negros eram filhos da terra, possuíam um saber diferente dos negros vindos da África. Isso preocupava os fidalgos, pois havia notícia de muitos povoados espalhados por todo Brasil. Os negros libertos formavam quilombos e mais quilombos e, entre eles, estava a maioria dos negros fugitivos. Começava uma guerra entre os brancos senhores e os negros independentes.

Ritinha acrescentava:

— Graças a Deus e aos orixás da nossa gente, aqui, nós ainda conseguimos controlar a situação. Se bem que já tem gente pensando em fugir para longe da fazenda e tornar-se livre à força. Nós, os mais velhos, e os nossos guias estamos sempre chamando atenção dos mais moços, abrindo os olhos deles que aqui ninguém é maltratado, aqui vivemos decentemente, que seria injusto com o nosso senhor e com certeza eles enfrentariam muitos sofrimentos. Os jovens se empolgam demais com a palavra "liberdade". Eu não sei, meu velho amigo, o que pensam os jovens de hoje! Eles têm tudo e mesmo assim vivem inconformados.

Eu respondi:

— Eu acho que posso entender o que pensam os nossos jovens, Ritinha. O sentimento deles não é apenas pela sua vida, é muito mais que isso, eles sonham com um futuro livre em que todos os homens sejam respeitados sem distinção de cor. Eu não concordo com os meios que estão sendo usados por algumas organizações, usando a revolta dos negros, incentivando os mesmos a rebelar-se contra a escravatura. Na verdade, essas organizações tentam ganhar partido na frente das outras organizações. As organizações formadas com bom senso agem com bom senso, jamais usam os escravos para elevar-se politicamente, tudo isso eu aprendi com o padre da nossa terra, homem de muita sabedoria e bondade. Eu participei de algumas reuniões entre brancos e negros e aprendi muitas coisas boas com todos eles. Começo a pensar que Deus me trouxe até aqui com alguns própositos.

— O meu sangue está correndo nas veias de muitos negros desta fazenda e eu não vou permitir que os meus filhos e netos saiam por aí fazendo asneiras. Vou ensiná-los a encontrar paz e tranqüilidade no trabalho, na família e no respeito. Eu sou livre, nem por isso sou o homem mais feliz do mundo. Devemos semear com dignidade, força e determinação as sementes da liberdade para a nossa futura geração, e não usar da violência, pois esta só traz mais discórdias e sofrimentos.

Ritinha me ouvia em silêncio. Assim que parei de falar, ela suspirou fundo e disse:

— Pois é, Miguel, reparo que você de fato aprendeu muitas coisas novas nestes anos todos, mas uma coisa vejo que você conserva: o caráter. É isso que você deve mostrar aos nossos jovens: dignidade, respeito e fidelidade aos nossos antigos costumes. A sua vinda para cá vai ajudar muito. Eu receio que nossos senhores, além de apreciar a sua pessoa, também têm esperança de que você possa acalmar as rebeliões que constantemente vêm acontecendo por aqui.

Ritinha parou de falar, ficamos em silêncio por alguns minutos, e eu retomei a palavra:

— O mundo mudou demais, Ritinha, as pessoas se espalham por toda parte. Repare o que acontece hoje com a gente: eu sou livre, você é livre, quando é que nós pensamos estar gozando de toda essa liberdade naqueles tempos de sofrimento? Passei a minha vida toda sonhando em me tornar livre e voltar para a minha terra, o meu sonho realizou-se, mas eu me sinto hoje mais cativo do que antes. Me fale, Ritinha, mudou alguma coisa dentro de você depois que recebeu a sua carta de alforria?

Ela balançou a cabeça em sinal negativo:

— Nada, nada mudou. Para ser sincera, sinto falta da senzala, da casa grande e dos senhores. Você tem razão, Miguel, não é uma carta de alforria que traz liberdade para a nossa alma.

CAPÍTULO XXII

A RECOMPENSA

Os dias foram passando e eu fui me reintregando novamente entre os meus. Lucien e os senhores me tratavam como gente da família. Tudo foi colocado à minha disposição. Ganhei uma mula, vaca de leite, porcos, galinhas e um bom pedaço de terra do outro lado do cemitério. O senhor mandou construir uma casa para mim e, apesar dos protestos de Ritinha, eu fui morar na minha casa.

Meus filhos me visitavam todos os dias, a minha casa ficava cheia dia e noite. Lucien não me deixava cozinhar, todos os dias ela me mandava o café-da-manhã, almoço e jantar. Minhas filhas, noras e netas limpavam a minha casa. Tinha tudo o que alguém pensa em receber nesta vida. Muitas vezes, cheguei a comentar com a Ritinha:

— Pois é, de escravo agora passei a ser rei! Não sei qual é a necessidade de tanto luxo para um negro velho como eu.

A varanda da minha casa era grande e bem ventilada, e ali, deitado na minha rede ou sentado no meu banco, coloquei muitas verdades na cabeça dos meus filhos e netos. Aos poucos fui conscientizando cada um deles o que era lutar com dignidade, e não guerrear impondo a violência para tornar seus sonhos realidade.

Recebi muitas e muitas lembranças dos meus filhos de Angola. Enviei muitas cartas e muitas lembranças do Brasil para cada um deles. Meu filho Miguel mandava me perguntar sempre:

— Quando é que o senhor volta, pai? Sentimos a sua falta, tudo aqui está ótimo, só falta o senhor. Volte logo.

Quando Lucien lia essas cartas, eu chorava e sentia até remorso em reconhecer o que sentia dentro de mim: "Fui feliz ao lado de Dalva, amei aquela mulher como jamais havia imaginado poder amar alguém, mas a minha vida estava fincada no solo brasileiro, eu cresci como homem e como espírito no chão do Brasil, a minha alma estava envolvida na esfera brasileira".

Lucien leu as cartas para nós. Quando terminou de ler, ela ficou em silêncio. Notei que me observava e, chegando mais perto de mim, me abraçou e perguntou:

— Pai Miguel, quer ir visitar seus filhos em Angola? Meu irmão vai viajar daqui a um mês, o senhor pode ir com ele, e o João, seu filho, pode acompanhá-lo.

Abraçando-a, respondi-lhe:

— Não, minha filha, eu não quero ir. Meus filhos de Angola, eu os tenho guardado dentro do meu coração. Recebendo notícias deles, sabendo que eles estão bem, já é tudo para mim. Desejo voltar para Angola, se Deus me permitir quando me tornar livre por completo, quando puder atravessar o mar sem me molhar. Aí eu volto, porque sei que o caminho vai ser mais curto para eu ir e voltar depressa ao Brasil. Meus filhos riram, eles se orgulhavam demais do meu amor pelo Brasil. É incrível como todas as pessoas nascidas ou criadas nesta santa terra se apegam a ela. Hoje eu digo com toda a certeza: o Brasil é um dos lugares mais lindo do planeta, sem deixar de lembrar que há muitas coisas no Brasil que não existem em qualquer outra parte do mundo.

Ouvíamos falar demais em rebeliões e nos conflitos entre brancos e negros. O resultado era sempre o mesmo: muitas mortes, em especial de negros, que não tinham armas. Aumentava a inquietação entre os fazendeiros e doutores das cidades.

O senhor, um dia, conversando comigo me confidenciou um segredo:

— Miguel, eu particularmente acredito que a coroa não está mais agüentando as pressões dos movimentos pela libertação dos escravos. Pode ter certeza de que não está longe o dia da libertação total e definitiva dos escravos brasileiros.

Ele me contou que pagava impostos altíssimos à coroa pelos escravos que possuía na sua fazenda; dependendo da situação, valia a pena pagar a indenização à coroa e receber a carta de alforria do negro, ficando livre, isento dos impostos. Tanto que para se conseguir dar uma carta de alforria a um negro era uma dor de cabeça. Não era vantagem para a coroa ter negros libertos, era um imposto a menos e uma dor de cabeça a mais para eles.

— Agora está pior Miguel, está temporariamente suspenso qualquer pedido para se libertar um escravo. Por outro lado, recebemos anistia total dos impostos pagos pelos escravos. Eles nos incentivam a manter nossos escravos e não nos desfazer deles por nada. É uma forma de dificultar os movimentos contra a escravidão no Brasil.

Foi aí que eu comecei a entender que às vezes os coitados dos senhores brancos também sofriam demais nas mãos dos homens das leis. Eu não sabia que os senhores pagavam impostos por nós! Eu não imaginava que, para um senhor dar liberdade a um dos seus negros, fosse tão difícil e tão custoso para ele.

O tempo passou tão depressa que eu mal podia acreditar que já havia se passado quinze anos da minha chegada ao Brasil. Ritinha andava muito cansada, as pernas inchadas, a vista curta, como dizia ela. Eu brincava dizendo:

— São os janeiros, minha amiga, nós já estamos fazendo "serão" aqui em terra.

Eu já estava com 91 anos, cercado de netos e bisnetos e já tinha tataranetos. Um dos meus bisnetos libertos formou-se como doutor e casou-se com uma moça branca de olhos azuis, lá na cidade. Um dia, todo orgulhoso, me trouxe a moça para que eu conhecesse, brincando com ela, disse-lhe:

— Alice, se não fosse esse negro velho aqui, você não estaria com esse caboclo bonito aqui do seu lado!

Muito fina, tão bonita que mais parecia uma santa, ela abaixou-se e, me abraçando e respondeu:

— É verdade, se não fosse o seu bisavô Miguel, você não estaria aqui ao lado do meu Miguel. — Esse era o nome do meu bisneto.

O meu bisneto, brincalhão que só vendo, sentou-se perto de mim e disse:

— Vô, fale para Alice quantos filhos o senhor teve! Se todos estivessem vivos, não caberiam nesta sala.

Ele então disse:

— Alice, como eu não tenho o fôlego do meu bisavô, me conformo com uns quinze, está bem? — Os dois gargalharam juntos, meu bisneto me abraçava cheio de orgulho e de felicidade.

Conversaram bastante tempo comigo, ele adorava ouvir as histórias de Angola e do meu passado. Aliás, eu até já sentia falta quando não vinham aqueles estudantes me visitar, eram jovens que ficavam horas e horas ouvindo as minhas histórias de Angola, de como fui capturado, sobrevivi, de como foi a minha vida. Pareciam sonhar e, conforme eu relatava a história da minha vida, eles escreviam nos seus cadernos. O meu bisneto chamava um deles de poeta. Era um rapaz moço, franzino e muito educado.

A fazenda agora era administrada pelo neto de Lucien. O senhor faleceu, Lucien andava amparada por uma de suas acompanhantes, o reumatismo não a deixava andar sozinha.

Ritinha completou 93 anos num mês e no outro se foi. Eu fiquei parado na sua cova, imaginando:

— Quando será a minha vez? Os meus amigos estão partindo, tenho de me preparar para partir também a qualquer momento.

A cova da minha avó Joana era conservada, eu andava com muita dificuldade, agarrado a uma bengala, mesmo assim ia sempre ao cemitério visitar os meus entes amados.

Andava devagar pelo jardim da fazenda, ensinava a preparar remédios caseiros a um e a outro, ensinava isso e aquilo, tudo o que podia ensinar, ensinava.

O meu neto que era pai do meu bisneto doutor, um dia chegou em minha casa com um grande sorriso e disse-me:

— Vô Miguel, o senhor promete que vai ficar bem sossegado com a surpresa que nós vamos trazer para o senhor?

— Que surpresa, José Carlos? O que é vocês estão aprontando para mim?

Ele me deu um copo de água.

— Bebe, vô, é água de cacimba.

Os meus olhos turvos não me permitia distinguir as feições de quem chegava, mas dava para ver uns vultos entrando na varanda. Sentado na minha rede e atento a quem chegava, perguntei:

— José Carlos, filho, quem está aí?

— Sou eu, pai, quem está aqui — respondeu o meu filho Miguel, reconheci o seu sotaque.

Abracei o meu filho e chorei de emoção. Meu neto, que deixei tão pequeno, estava homem feito e amadurecido e veio também me visitar.

— Pois é, pai, nós estamos aqui... O mundo é pequeno, pai, quando o amor é grande. Nunca deixamos de pensar no senhor e sempre tive vontade de conhecer a minha família. Agora temos contato direto com meus irmãos e sobrinhos e tudo ficou mais fácil. Ano que vem pretendemos vir todo mundo lhe visitar, o mar ficou menor para nós.

Me trouxeram tantas coisas! O meu filho Mário talhou em madeira um retrato da família e me enviou para que eu pudesse ver cada um deles. Era tanta carinha nova, uma das minhas netas me fez chorar de emoção e saudades. Ela era a cara da Dalva quando moça!

Naquela noite mal pude pegar no sono de tanta alegria. Meu Deus, eu era o homem mais feliz deste mundo. Onde já se viu tanta, mas tanta, felicidade! Se um dia eu sofri, não havia como se comparar a tantas venturas e alegrias.

Deitado na minha cama podia ouvir os grilos cantando, dava para ouvir o farfalhar das folhas das palmeiras de dendê. Podia ouvir o ressonar do meu filho e neto dormindo no outro quarto. Levantei-me devagar, fui até a janela a abri bem devagar, para não fazer barulho. Um vaga-lume passou bem pertinho de mim, fiquei olhando para ele, que se afastou rapidamente piscando. Olhei para o céu e já não podia enxergar as constelações de estrelas como antes. Fiquei assustado, eu não enxergava mais as estrelas! Apenas enxergava vultos iluminados e sem forma.

Lembrei-me das palavras do pai João de Angola:

— Em vez de ficar procurando uma estrela no céu, repare no vaga-lume que está próximo a você. Era verdade, agora eu compreendia o que ele tentou me mostrar: “Nunca é tarde para se perceber que uma pequena luz pode ser o seu guia, a sua direção”. Uma pequena faísca de luz que encontramos no escuridão pode nos levar à saída. Assim é a vida de um encarnado, buscar nas pequenas alegrias do seu dia-a-dia uma alternativa melhor.

Debruçado na janela, ouvindo os sons da noite e a música dos grandes cantores da natureza noturna, corujas, sapos, grilos e outros seres da noite, revivia toda a trajetória de minha vida, cada passagem, cada pessoa. Analisava a importância de cada uma delas no meu crescimento como homem e como espírito; todas elas foram importantes demais para mim. Eu jamais poderia compreender os valores de uma vida sem a participação de cada um dos meus irmãos. Eu não sofri nada, não perdi nada, recebi muito de cada um deles, como gostaria de poder falar o quanto era agradecido por tudo o que fizeram por mim.

Na minha cegueira, na minha loucura, na minha paixão pelo homem que habitava dentro das minhas carnes, eu só via e reconhecia a luz daqueles que eu acreditava que me fizeram bem, não percebi que todas as pessoas que se envolveram na minha caminhada deixaram uma faísca de luz à minha passagem.

Me lembrava do padre e dos seus ensinamentos: ele, muitas e muitas vezes, dizia que Judas Iscariote foi um instrumento muito importante na missão de Jesus Cristo. No meu íntimo jamais concordei com ele; Judas deveria ser condenado e destruído, onde já se viu um monstro daquele ter colaborado na missão de Jesus, que era um homem santo e correto? Agora eu entendia suas palavras: nós precisamos de espíritos como Judas e de espíritos como Pedro para descobrir que temos afinidades espirituais com eles: somos positivos e negativos, e para nos equilibrarmos é necessário conhecer o valor de cada um.

Fui dormir muito agradecido a Deus e aos nossos orixás, também compreendi o papel importante que cada um deles exerce em nossas vidas. Os orixás são os nossos familiares que já foram graduados pela escola em que nós ainda estamos estudando e aprendendo. Eles são os mestres, nós, os alunos, o mundo é a escola, a vida é o grande livro que nos ensina a conhecer quem é Deus, nosso Grande Pai.

Meu filho e meu neto partiram, deixando uma grande saudade dentro do meu coração. Uma coisa me alegrava a alma: os meus filhos formavam uma família. Mesmo vivendo separados e em países diferentes, eles se amavam e se orgulhavam de mim.

As coisas estavam mudando, eu já não compreendia a linguaguem dos jovens. Espantava-me com o comportamento deles, não temiam tanto os seus senhores como nos nossos tempos. Os jovens negros já conversavam e até brincavam com os jovens brancos! Isso eu achava bonito, e sempre acreditei na bondade dos homens, independentemente da cor. Eu mesmo fui muito beneficiado pela bondade dos brancos.

O tempo passava, eu estava tão sensível e tão frágil em minha natureza carnal que as pequenas coisas me trazia as lágrimas. A morte de Lucien me abalou muito, pois eu me recordava do seu nascimento. Em minhas mãos recebi aquela pequena e indefesa criatura. Lutei tanto, menti tanto, me arrisquei tanto para salvar a sua vida; e agora fui castigado por Deus, vi o seu corpo sendo enterrado.

Dos meus antigos amigos já não havia mais ninguém, todos se foram. Deixaram para trás um corpo, uma vida, uma saudade. Eu passava meus dias relembrando cada um deles, todos tiveram um papel muito importante em minha vida. Sentia-me cansado e saudoso, sentia falta dos meus sonhos e das minhas aparições. Sentado no meu canto, me perguntava:

— Será que Deus se esqueceu de mim? E meus amigos, e avó Joana e Dalva, e meu pai? Esqueceram de mim também? — Nem em sonho eles apareciam.

Os dias e as noites voltaram a não ter mais fim, custava tanto amanhecer, e o dia demorava tanto a passar. O espírito cansado e desejoso de partir fica assim: ansioso, aflito, nada estava bom para mim, não queria mais conversar nem brincar com ninguém. Tudo me aborrecia, o que eu queria mesmo era caminhar, ter os meus olhos bons, poder trabalhar, encontrar meus amigos, correr pelas serras, tomar banho no rio, brincar com a avó Joana, passar horas conversando com o meu pai debaixo de uma palmeira, queria confidenciar meus segredos com a Ritinha e a Nalva. O coração disparava de emoção ao pensar em vê-la de novo, a minha amada Dalva.

Enquanto a multidão de filhos, netos, bisnetos e tataranetos que seria impossível guardar todos os seus nomes e rostos se divertia comemorando os meus cem anos, eu estava longe, sonhando com o meu passado, quantas saudades... Interessante, só me lembrava das coisas boas; as más lembranças, o tempo apagou por completo, nenhum rosto inimigo, nenhuma mágoa, nenhuma culpa, via apenas rostos amigos, braços abertos, pessoas queridas e um desejo enorme: estar com eles...

Aquela noite eu me lembro de ter pedido a um dos meus filhos para me levar até a janela. Olhei para o céu e vi uma estrela mudando de lugar, fiquei radiante, eu consegui enxergar uma estrela no céu!

Logo mais um vaga-lume veio perto de mim. Sorri encantado e disse ao meu filho:

— Fazia tempo que eu não via uma estrela mudando de lugar e um vaga-lume assim tão perto.

O meu filho respondeu-me:

— Hoje é seu aniversário, Deus lhe presenteou!

Abençoei meus filhos e me deitei feliz como uma criança que acaba de ganhar o presente dos seus sonhos. Logo adormeci, fazia tempo que não dormia tão bem.

Acordei e, ainda de olhos fechados, via tudo à minha volta. Um lugar lindo, tudo tão branco, tão claro, comecei a rir e pensei:

— Estou sonhando... Imagine se eu conheço esse lugar? Nem poderia estar vendo tão bem assim! Quase não enxergo nada. Vou continuar de olhos fechados e quem sabe vejo alguém conhecido no meu sonho.

Senti uma mão tocando no meu rosto e o cheiro de flores e ervas, aquele cheiro que me acalmava. Suspirei fundo e pensei "É ela, avó Joana". Aquela voz nítida e tão querida me respondeu:

— Sim, sou eu, meu filho, abra os olhos. Não tenha medo, você já pode ver tudo novamente! O sonho acabou, você está de volta à vida.

Abri os olhos devagar, ela estava ali, alisando o meu rosto e sorrindo para mim.

— Vovó Joana, é você mesma?

— Sim, filho, sou eu mesma. Repare no lugar bonito que você está!
Olhando para os arredores do aposento, reparei que era um quarto de

senhor, e dos mais finos! Fiz menção de levantar-me da cama grã-fina, mas ela me fez voltar a deitar dizendo:

— Fique quietinho, descanse mais um pouco. Ainda é cedo para levantar-se.

Era uma mobília rica, lençóis brancos e finos, flores espalhadas em vasos por todos os cantos do enorme quarto. Flores lindas, que eu jamais tinha visto antes. Uma enorme janela aberta mostrava uma belíssima paisagem lá fora. E eu não estava sonhando? Então o que era aquilo?

Beijando a minha testa, ela falou:

— Vou avisar o pessoal que você está consciente. Todos nós estávamos ansiosos por este momento. Graças a Deus você retornou! Volto logo, fique quietinho.

Ela saiu pela enorme porta, eu, cismado, me perguntava:

— Mas que sonho esquisito. É um sonho que parece não ser sonho! Deve ser pela minha velhice.

Antes de terminar os meus pensamentos a respeito do meu sonho, vi entrando meu pai, Ritinha, o meu primeiro senhor de braço dado com a minha primeira sinhazinha, Nalva, o avô Sebastião, o pai de Lucien ao lado dela, o meu avô de Angola, a minha mãe, e Dalva! Eles foram se aproximando de mim.

Foram tantos abraços, tantas lágrimas de alegria, tanta felicidade que eu me esqueci que estava sonhando. Não parava mais de chegar gente. Eram tantas pessoas queridas, tantos amigos que parecia não ter mais fim.

Abraçada comigo, Dalva disse-me:

— Graças a Deus você conseguiu terminar sua jornada com muita dignidade. Este é o dia mais feliz das nossas vidas. Agora podemos dizer: juntos para sempre!

Todos conversavam, riam, era uma festa. Puxei Dalva para o lado e perguntei baixinho ao ouvido dela:

— Dalva, o que está acontecendo?

Ela me respondeu séria:

— Você desencarnou, meu querido, está entre nós. No começo é assim mesmo para algumas pessoas; quando acordam, ainda têm a impressão de estar no corpo carnal. Logo, logo, você vai se reintegrando com o seu novo corpo e retomando a sua consciência espiritual por completo.

— Dalva, você quer dizer que eu morri?

— O seu corpo carnal, sim, foi enterrado na terra por todo sempre. Você está vivo, esqueceu-se que a morte não existe? Por enquanto, você ainda vai ter a sensação do corpo físico que lhe serviu de veículo para chegar até aqui; aos poucos, você mesmo vai poder modelar o seu corpo espiritual, do jeito que você se sinta bem e possa desenvolver a obra de Deus da melhor forma possível. Cada um de nós, segundo nossos créditos espirituais, pode modelar a nossa aparência de várias formas: criança, jovem, meia-idade, velho, com a cor da pele, cabelos e aparência que melhor se adaptar à nossa evolução. Os encarnados e os recém-desencarnados nos enxergam como eles se enxergam: com a aparência registrada na mente deles. Por exemplo: aqui não precisamos de espelho para nos vermos por inteiro, e quando você puder se ver por completo, também vai poder me ver por completo!

Nesse momento eu já estava convencido de que havia de fato morrido. Todos olhavam bondosadamente para mim. Mas, decepcionado por não ter participado do meu próprio funeral, disse:

— Morri esta noite depois da festa de cem anos, bem que eu desconfiei. Vi uma estrela mudando de lugar e um vaga-lume perto de mim.

Avó Joana, me abraçando, respondeu:

— Filho, faz meses terrenos que você está conosco; naquela noite, você se deitou e já estava rodeado de socorristas à sua espera. Foi muito rápido o seu desencarne, sem dor e sem sofrimento, o seu corpo foi enterrado junto ao meu. Esse era o seu desejo, e seus filhos cumpriram. Hoje começa uma nova vida para você e para todos nós. A partir de agora, vamos fechar a nossa corrente de trabalho. Só estávamos esperando por você para dar início a uma nova caminhada em terra. Vamos resolver a sua primeira questão nesta nova vida: de que nome podemos chamá-lo? Tem uma lista de nomes que lhe pertenceram, cabe sempre ao usuário, na condição que você se encontra, livre, decidir o nome que será espiritualmente batizado e confirmado.

Pensei bastante e respondi:

— Eu quero ser chamado, batizado e reconhecido como: Pai Miguel de Angola, para não confundir com os Miguéis do Brasil! — Foi um riso só.

Emocionado, lembrei-me do quanto fui amado, doutrinado, preparado e como fui feliz como Miguel, e ainda por cima havia deixado em Angola um filho chamado Miguel, netos, bisnetos, e tantas outras crianças que orgulhosamente seus pais lhe deram esse nome, exatamente porque admiravam o meu caráter, a minha coragem e a minha dignidade como homem.

Em pouco tempo eu já havia recobrado meus sentidos; retomei meus afazeres na colônia. Como pesquisador do retardamento da alma para chegar à luz, me propus a fazer uma pesquisa dolorosa na carne, passar os tormentos da escravidão humana. Eu havia detectado que tínhamos muitos casos de retardamento espiritual exatamente entre espíritos escravizados na carne.

Para desenvolver e aplicar qualquer tratamento para esses casos, era necessário conhecer de perto as conseqüências. Recebi autorização e consegui alcançar meus objetivos. Um grupo de amigos uniu-se ao meu projeto: todos meus amigos espirituais eram aqueles que fizeram parte da minha vida carnal.

A minha querida avó Joana sempre fora a minha luz, Ritinha, minha irmãzinha, Dalva a minha inseparável companheira. Meus ex-senhores e muitos familiares carnais: meus colegas de trabalho na pesquisa. Meus pais e avós: meus assistentes. Uma legião de outros espíritos amigos ligados e nossa causa, entre eles, Silvério e o padre. Estávamos juntos novamente, o nosso trabalho foi um sucesso!

Meus descendentes carnais que deixei em terra, cada um deles, receberam incumbência muito grande. Muitos consquistaram a sua liberdade, outros ainda terão de lutar muito por ela: quando falo em liberdade, é a volta para a verdadeira vida, é retornar ao convívio familiar na esfera espiritual.

Ainda estava na fase em que precisamos receber um tratamento adequado para recobrarmos os sentidos, quando Joana me disse:

— Miguel, os últimos serão os primeiros e os primeiros serão os últimos. Lembre-se de que fui na frente de todos, fui a primeira a me despedir de você aqui na colônia e a primeira a recebê-lo de volta. Prometa-me que vai pedir ao nosso coordenador para me levar com você em todas as suas pesquisas em terra!

— Joana (ela também quis continuar como Joana), a minha missão em terra não será tão fácil quanto possa parecer. Como Luís ou Miguel de Angola, recebi um corpo em terra, desta feita, vou tomar emprestado vários corpos carnais por algum tempo. Repare a minha responsabilidade em preparar, instruir e incentivar tantas pessoas, algumas delas doentes na alma, com sintomas variados entre luxúria, vaidade, ganância, espíritos vingativos, rancorosos etc. Se eu conseguir ajustar alguns, por intermédio deles vou trabalhar para equilibrar outros encarnados.

— Quero tentar. Do seu lado sei que posso desenvolver muitas coisas — disse Joana. Ali, no pátio da varanda da nossa colônia, olhando para o céu e vendo as estrelas cruzando de um lado para o outro, concordei em pedir ao nosso superior em levar Joana comigo nos novos trabalhos em terra. Hoje, desenvolvemos em várias partes do mundo, em línguas diversas, o nosso trabalho de amparo e incentivo a muitas criaturas necessitadas. Encontramos muitas dificuldades em estabelecer um contato direto com os chamados médiuns. Alguns se acham privilegiados, outros sofredores, alguns indecisos. Muitos filhos esquecidos de Deus fazem do seu "dom" um meio de ganhar a vida, valendo-se do nome dos espíritos para vender falsidades. Nós jamais usamos um médium para tirar recursos nem de ricos nem de pobres. A caridade não é vendida ou negociada. Mas, com a graça de Deus, temos os nossos fiéis médiuns, aqueles que se lapidam e trabalham para a transmissão das obras de Deus. São tantos médiuns bons, confiáveis, que nos sentimos recompensados por tudo.

Eu sempre brinco com meus filhos na Terra, quando digo:

— Vocês vivem cercados por muitos Judas, mas têm o triplo de Pedros que os auxiliam a passar as boas-novas do Pai Maior.

No Brasil, eu me sinto muito à vontade, volto a ser o menino Miguel, em especial quando me encontro no meio dos meus descendentes em carne, sangue, osso e fé: a emoção é forte demais. Às vezes, sentado no meu canto, fico olhando aquelas moças e rapazes bonitos, brancos de olhos verdes, azuis, cabelos lisos, cacheados; nem de longe eles sonham serem meus descendentes. Fico rindo e achando graça da sabedoria de Deus.

O sangue brasileiro é uma mistura de fés, nasceu do amor e da união entre brancos e negros. Em respeito aos filhos encontrados nesta terra, os índios, eles são os padrinhos do Brasil, quero expressar minha gratidão a todos os seus descendestes.

Faço parte integrante de uma organização espiritual que cresce como uma palmeira de dendê: muito depressa! Logo, logo, os seus frutos serão levados aos quatro cantos do mundo.

Nós formamos uma grande legião de trabalhadores voluntários, que, se depender de nós, será tão gigante quanto é o nosso querido Brasil.

A vocês, meus amados filhos, quero dizer nas minhas simples e humildes palavras (palavras de um preto velho):

Tenham fé, tenham esperança, procurem a saída na luz de um vaga-lume, lutem com perseverança e coragem, mas usem sempre dignidade e respeito para com o seu próximo. Antes de julgar, pesquise; antes de condenar, analise.

Lembrem-se das sementes de dendê, nós também somos semelhantes a elas. Reflitam nas comparações entre as estrelas e os vaga-lumes. Pensem em como foi vantajoso todo o meu sofrimento na carne, o quanto aprendi! O fato de ter aprendido tanto em terra é o que me possibilita voltar a ela ensinando. Eu afirmo:

Cada gota de sangue que corre nas veias de vocês é, para mim, um prêmio da vida. Vocês me representam no corpo, eu os represento na alma...

Acreditem, meus amados filhos, a Lei do Retorno existe para todos nós. Eu fui à Terra numa condição bem diferente da que me encontro hoje, fui como aluno e aprendi. Hoje, como mestre, ensino; e todo mestre aprende mais do que na verdade ensina: eu aprendo todos os dias.

Fui cativo na carne, mas livre no espírito, por isso eu gostaria que vocês aí, meus filhos brancos e meus filhos negros, lessem com bastante atenção a minha história de vida como Luís Fernando ou Miguel, e comparassem as minhas dificuldades naquele tempo com as suas dificuldades nos dias de hoje.

Meus filhos, tomem cuidado com a liberdade que receberam de Deus! A vida física é só uma passagem breve, tudo se acaba, tudo vira esquecimento e pó, mas o espírito retorna à sua pátria, e sem luz ele jamais vai encontrar o caminho de volta.

A vida é mistério muito grande. Mesmo aqueles que não gostam da vida e não desejam viver não podem destruir este segredo de Deus. Nós não podemos destruí-la, mas devemos ampará-la e conservá-la para a alegria do Pai.

A minha bênção, em nome de Deus, para todos vocês, filhos e filhas do meu amado Brasil e outras terras distantes.

Eliana Machado Coelho
romances de Schellida

Despertar para a Vida

Márcia é uma moça bonita, inteligente e decidida. Orgulha-se de sua capacidade profissional e do êxito alcançado no trabalho em uma empresa multinacional. Independente financeiramente, ama a vida. Porém, a influência dos espíritos em nossas vidas é maior do que imaginamos. Um acidente acontece e Márcia, sem perceber, passa a ser envolvida pelo espírito Jonas, um desafeto que, por vingança, inicia um processo de obsessão contra ela.

584 páginas | 14 x 21 cm

ISBN 85-86474-85-1 | Código de Barras 9788586474859

O Direito de Ser Feliz

Fernando e Regina apaixonam-se. Ele, de família rica, bem posicionada. Ela, de classe média, jovem sensível e espírita. Mas o destino começa a pregar suas peças. Movido pela ambição material, Fernando decide ir trabalhar na França, caindo na rede sedutora de Lorena, uma prima que mora em Paris.

432 páginas | 14 x 21 cm

ISBN 85-86474-58-4 | Código de Barras 9788586474583

Sem Regras para Amar

Gilda é uma mulher rica, casada com o empresário Adalberto, mãe de Lara, Eduardo e Érika. Arrogante, prepotente e orgulhosa, ela sempre consegue o que quer graças ao poder da sua posição social. Mas a vida dá muitas voltas.

504 páginas | 14 x 21 cm | ISBN 85-86474-62-2 | Código de Barras 9788586474620

Um Motivo para Viver

uel nasceu em uma fazenda numa pequena cidade do Rio Grande do Sul. Morava com o pai, a mãe, três irmãos e o avô, um rude e autoritário imigrante polonês. Na fazenda vizinha, seu tio Ladislau, a mulher e duas filhas. O drama de Raquel começou aos nove anos, quando então passou a sofrer os assédios de Ladislau, um homem sem escrúpulos, mas dissimulado e gozando de boa reputação na cidade.

páginas | 14 x 21 cm | ISBN 85-86474-72-X | Código de Barras 9788586474729

Maria Nazareth Dória
obras do espírito Helena

Jóia Rara
Leitura edificante, uma página por dia. Um roteiro diário para nossas reflexões e para a conquista de uma padrão vibratório elevado, com bom ânimo e vontade de progredir. Essa é a proposta deste livro que irá encantar o leitor de todas as idades.
98 páginas | 11 x 15 cm (bolso)
ISBN 85-86474-83-5 | Código de Barras 9788586474835

Sob o Olhar de Deus
Gilberto é um maestro de renome internacional, compositor famoso e respeitado no mundo todo. Casado com Maria Luiza, é pai de Angélica e Hortência, irmãs gêmeas com personalidades totalmente distintas. Fama, dinheiro e harmonia compõem o cenário daquela bem-sucedida família. Contudo, um segredo guardado na consciência de Gilberto vem modificar a vida de todos.
192 páginas | 14 x 21 cm | ISBN 85-86474-79-7
Código de Barras 9788586474798

Amor e Ambição
Loretta era uma jovem nascida e criada na corte de um grande reino europeu entre os séculos XVII e XVIII. Determinada e romântica, desde a adolescência guardava um forte sentimento em seu coração: a paixão por seu primo Raul. Um detalhe apenas os separava: Raul era padre, convicto em sua vocação.
320 páginas | 14 x 21 cm
ISBN 85-86474-60-6 | Código de Barras 9788586474606

Um Novo Despertar
Simone é uma moça simples de uma pequena cidade interiorana. Lutadora incansável, ela trabalha em uma casa de família para sustentar a mãe e os irmãos, e sempre manteve acesa a esperança de conseguir um futuro melhor. Em meio à rotina de suas duras tarefas, ela nunca deixou de estudar até conseguir o seu diploma.
Porém, a história de cada um segue caminhos que desconhecemos.
192 páginas | 14 x 21 cm
ISBN 85-86474-66-5 | Código de Barras 9788586474668